목사의
글쓰기

목사의 글쓰기

ⓒ 생명의말씀사 2022

2022년 5월 31일 1판 1쇄 발행

펴낸이 l 김창영
펴낸곳 l 생명의말씀사

등록 l 1962. 1. 10. No.300-1962-1
주소 l 서울시 종로구 경희궁1길 6 (03176)
전화 l 02)738-6555(본사)・02)3159-7979(영업)
팩스 l 02)739-3824(본사)・080-022-8585(영업)

지은이 l 장대은

기획편집 l 서정희, 박경순
디자인 l 윤보람
인쇄 l 영진문원
제본 l 보경문화사

ISBN 978-89-04-16803-3 (03230)

저작권자의 허락없이 이 책의 일부 또는 전체를
무단 복제, 전재, 발췌하면 저작권법에 의해 처벌을 받습니다.

목사의 글쓰기

장대은 지음

- ☐ 생각을 말하다
- ☐ 정보를 더하다
- ☐ 느낌을 표하다
- ☐ 의문을 탐하다
- ☐ 독서로 꿈꾸다
- ☐ 문제를 살피다

생명의말씀사

추천사

모든 목회자가
글쓰기의 행복을 맛보도록

— **강준민**(LA새생명비전교회 담임 목사, 『뿌리 깊은 영성』, 『천천히 깊이 읽는 독서법』 등 저자)

『목사의 글쓰기』는 글쓰기의 진수를 담은 책이다. 저자는 오랜 세월 독서와 글쓰기에 정진해 온 분이다. 평생 학습자의 길을 걸어온 분이다. 그런 까닭에 이 책은 단순한 글쓰기의 이론서가 아니다. 이 책은 저자가 수많은 경험을 통해 터득한 글쓰기의 핵심을 담은 책이다.

저자는 거듭 기초의 중요성, 기본의 중요성, 본질의 중요성을 강조한다. 저자는 목회자들에게 거듭 본질로 돌아가게 한다. 글쓰기라는 주제로 책을 썼지만 이 책은 목회자의 정체성을 상기시켜 주는 책이다. 저자는 거듭 목회자들에게 지혜와 영감의 원천인 하나님의 말씀으로 돌아가게 한다. 물이 있다면 어디엔가 샘이 있다. 생수가 있다면 어디엔가 생수의 원천이 있다. 저자는 이 책을 통해 물을 공급해 주는 샘을 알려 준다. 생수를 공급해 주는 원천을 알려 준다.

저자는 목회자들이 글쓰기를 통해 설교가 더욱 탁월해지고, 목회의 열매가 더욱 풍성해지길 소원하는 마음으로 이 책을 썼다. 저자는 글쓰기를 통해 기쁨을 누리는 분이다. 글쓰기가 주는 행복을 맛보아 아는 분이다. 저자는 글쓰기의 유익을 경험하고 그 유익을 나누고 싶은 열정으로 이 책을 썼다. 또한 글쓰기가 쉽지는 않지만 누구든지 탁월함의 경지에 오를 수 있다는 확신을 가지고 이 책을 썼다.

저자는 목회자가 왜 글을 써야 하며, 글을 쓰는 것이 얼마나 소중한가를 이 책에서 깨우쳐 준다. 그리고 구체적으로 어떻게 글을 잘 쓸 수 있는지를 가르쳐 준다. 독서와 묵상과 메모가 어떻게 글 쓰는 데 도움이 되는지를 가르쳐 준다. 또한 어떤 과정을 거쳐 탁월함의 경지에 이를 수 있는지를 가르쳐 준다.

이 책을, 글쓰기의 중요성을 알고 있지만 구체적인 방법을 알지 못하는 분들에게 추천하고 싶다. 글쓰기의 중요성을 알고 있지만 글을 지속해서 쓸 수 있는 자극이 필요한 분들에게 추천하고 싶다. 글쓰기를 지속하고 있지만 구체적인 결과를 아직 만들어 내지 못한 분들에게 추천하고 싶다. 글쓰기를 통해 어휘력과 표현력을 향상하기 원하는 분들에게 추천하고 싶다. 글쓰기를 통해 설교와 목회에 풍성한 열매를 맺기를 원하는 분들에게 추천하고 싶다.

추천사

글쓰기에 대한
집밥 같은 따뜻한 수업

— **안재경** (온생명교회 담임 목사, 『고흐의 하나님』, 『직분자반』 등 저자)

이 책의 저자를 처음 만난 것은 화란한인교회를 목회할 때였다. 저자는 자전거로 유럽을 여행하다가 본인이 목회하는 교회를 들러 예배했고, 목사관에서 짧은 시간이지만 진한 교제를 나누었다. 본인이 한국에 돌아와서 확인한 것은 저자가 지난 25년간 '잃어버린 기독교 교육 읽기와 쓰기'에 천착해 온 것인데, 저자는 이 분야에 관한 한 한국 교회의 희귀한 보물과 같은 분이라는 확신이 든다.

이 책은 '설교는 말이 된 글이다'라는 단 한 문장으로 요약할 수 있다. 가면 갈수록 목사의 설교를 듣고 있기 힘든 시대가 되어 간다. 한 편의 설교 안에서 앞뒤가 맞지 않은 소리를 너무 많이 한다. 이에 저자는 목사가 읽기, 묵상과 기도를 거쳐 설교문을 쓰는 사람인데, 목사가 글쓰기를 제대로 하지 않으면 배임죄를 짓는 것이라고 일갈한다.

저자는 말로만이 아니라 지난 3년 6개월 동안 10권의 책을 출간한바, 자신의 경험에서 우러나온 글쓰기 처방전인 실전 목회 글쓰기를 이 책에서 남김없이 엑기스처럼 소개하고 있다. 시중에 글쓰기 비법에 관한 책들이 많이 나와 있지만 이 책은 목사의 글쓰기에 대한 집밥 같은 따뜻한 수업 책이라고 할 수 있겠다.

저자의 고민과 과제는 '목회자들이 일상 목회 현장에서 글쓰기를 어떻게 지속할 수 있도록 도울 것인가?'였는데, 결론적으로 '학습 공동체'를 제안한다. 너무나 적확한 제안이다. 우리는 함께 먹고 노는 공동체만이 아니라 함께 읽고 쓰는 공동체가 필요하다. 목사는 혼자 고독하게 말씀을 붙잡고 씨름해야 하겠지만, 함께 말씀을 읽고 쓰는 공동체가 없고서는 말씀의 풍요함을 누릴 수 없고 교회의 하나 됨을 누릴 수 없다. 모쪼록 이 책을 통해 도전을 받아 읽고 쓰는 목사들, 더 나아가 각종 책뿐 아니라 성경을 공부하는 모임들이 만들어지기를 소망한다. 그것이야말로 '개독교'라는 말까지 들으면서 조롱당하고 있는 한국 교회가 살아날 수 있는 작은 희망의 불꽃이 될 것이다.

차례

추천사 • 4

프롤로그_ 글쓰기에서 길을 찾다 • 12

1부
목사는 왜 글을 써야 하는가?
6가지 초기값 설정

1. 글쓰기는 목사의 디폴트: 초기값 • 23
2. 글쓰기를 훈련하지 않는 것은 배임 행위다: 목사의 일 • 29
3. 목사의 레토릭, 점검이 필요하다: 설교 실패 • 35
4. 이전의 사실이 오늘의 편향일 수 있다: 선입견 • 45
5. 글쓰기는 목사의 시그니처 무브: 숨겨진 자산 • 52
6. 외로움에서 홀로 있음으로: 선택한 외로움 • 60

2부

목사의 글쓰기, 무엇을 목표로 하는가?

6가지 목표 디자인

7. 글쓰기는 자기 성찰의 질을 높이는 기술: 메타인지 향상 • 69
8. 글쓰기는 메타버스 시대 목회의 핵심 콘텐츠: 미래 목회 • 78
9. 글쓰기는 목회의 줄기세포: 목사의 인생 설계 • 84
10. 글쓰기는 트리비움 역량을 세우는 과정: 목사의 사고력 • 96
11. 글쓰기, 성장의 잠복기를 이겨 내라: 과정의 진보 • 104
12. 글쓰기는 영혼의 묵상이다: 영적 성장 • 109

3부

일상 글쓰기, 이렇게 시작하라!

6가지 일상 글쓰기 스트레칭

13. 생각을 말하다: 생각을 훈련하는 브레인스토밍 글쓰기 • 121
14. 정보를 더하다: 흘러가는 정보를 저장하는 메모 글쓰기 • 131
15. 느낌을 표하다: 희로애락을 돌아보는 감정 글쓰기 • 138
16. 의문을 탐하다: 신앙과 삶의 의문을 살피고 탐하는 타우마젠 글쓰기 • 149
17. 독서로 꿈꾸다: 살며 사랑하며 배우며 나누는 독서 글쓰기 • 159
18. 문제를 살피다: 세상을 돌아보는 이슈 글쓰기 • 170

4부

목회 글쓰기, 이렇게 지속하라!

6가지 실전 목회 글쓰기

19. 복음을 전하다: 말이 된 글, 설교 글쓰기 • 183

20. 정의를 내리다: 신앙의 질을 높여 가는 키워드 글쓰기 • 192

21. 질문을 던지다: 성경과 삶을 연결하는 성경 교재 글쓰기 • 201

22. 깊이를 더하다: 글이 된 신앙 고백, 기도 글쓰기 • 213

23. 교회를 세우다: 이웃을 사랑하며 하나님 나라를 이루는 목회 서신 글쓰기 • 223

24. 양질이 통하다: 양의 글쓰기로 질의 글쓰기를 이루는 저널 글쓰기 • 232

에필로그_ 목사의 전성기 • 242

프롤로그

글쓰기에서 길을 찾다

나의 글쓰기: 어린 시절

나에게 학창 시절의 글쓰기는 고통이었다. 제출하기 위해 수행한 과제요 부여된 짐이었다. 누구는 학창 시절에 쓴 일기장이 몇 상자라지만 나는 스스로 일기를 쓴 적이 단 한 번도 없었다. 방학 숙제로 제출해야 하는 일기를 하루에 한 달 치 몰아 쓴 것이 글쓰기의 전부였다.

청년 시절

청년 시절 글쓰기에 관심을 갖기 시작했다. 자기 계발 차원에서 한 시도였다. 학창 시절과 달리 주도적인 선택이었지만 즐기는 수준은 아니었다. 다행스럽게 혼자만의 노력은 아니었다. 독서 모임을 결성해 책을 읽었고, 약간의 긴장감을 유지해 가며 읽기와 쓰기를 이어 갈 수 있었다. 몇 년 동안 독서와 글쓰기를 진행하면서, 공동체 안에서 향상된 독서력과 문장력을 확인하는 일이 잦아졌다. 나 스스로도 성장을 느끼고 인정할 수 있었다. 외적, 내적 동기 요소들이 강화되어 가며 읽기와 쓰기는 어느 순간 나의 즐거움이 되었다. 글쓰기를 하면서 읽는 책의 권수가 더욱 늘었고 글을 쓴 페이지가 쌓여 갔다.

현재

아침 일찍 일어나 제일 먼저 하는 일이 독서와 글쓰기다. 이른 새벽, 기도 후 차 한 잔을 마시며 글 쓰는 시간은 표현하기 힘든 평안의 시간이다. 나에게 글쓰기는 더 깊은 기도로 나아가는 영적 도해의 순간이다. 글로 쓰인 삶의 여정은 기도 제목이 되어 일상 중에도 되뇌게 된다. 누구의 방해도 받지 않는 시간이다. 내 안에 수용된 정보와 지식이 발효되어 글로 쏟아지기 시작한다. 외출하여 피곤한 몸으로 집에 들어왔을 때도 책상 앞에 앉으면 새 힘이 솟는다. 아내는 그런 내 모습을 보며 신기하다 말하곤 한다.

글을 쓰며 밤을 새우고 동네 아이들이 학교 가는 소리를 들으며 잠자리에 들 때도 자주 있다. 몸은 피곤하지만 마음은 평안하고 즐겁다. 몰입 가운데 진행되는 책 읽기와 글쓰기는 인지적 학습 이상의 의미가 있는 듯하다. 그 과정에서 내 몸의 호르몬 수치가 조절되기라도 하는 듯 몸과 마음이 새로워짐을 경험하곤 한다.

정성 들여 쓴 글이 책이 되어 손에 들릴 때의 즐거움도 남다르다. 독자들과의 소통은 말할 것도 없다. 나의 생각이 담긴 글을 통해 독자들과 소통하는 즐거움은 글쓰기를 이어 가는 분명한 이유 중 하나다. 경제 전문가들은 이야기한다. 부자가 되기 위해서는 잠자는 시간에도 돈이 일하게 해야 한다고 말이다. 다른 차원의 이야기지만, 나에겐 책이 그랬다. 내가 잠자는 동안에도 책은 열심히 일한다. 이야기 속 손오공이 분신술을 시전한 느낌이랄까. 글이 된 나의 생각이 책으로 엮여 사람들에게 전해진다. 엮인 책은 전국 각지, 세계 방방곡곡에서 사람들의 손에 들리고 함께 교감하며 생각의 연결 고리를 하나둘 형성해 간다.

대중의 글쓰기

주변에서 만나는 사람들의 글과 쓰기는 나의 현재보다 과거를 많이 닮았다. 글에 대한 두려움의 덫에 걸려 헤어 나오지 못하는 이들이 적지 않다. 어린 시절부터 경험한 읽기 과제와 평가받아야 했던 쓰기의 기억 때문일까? 성인이 되어서도 학창 시절의 기억에서 벗어나지 못하는 이들이 대다수다. 교육 과정 중에 경험한 글쓰기는 마치 덫과 올가미 같다. 개인의 부족을 직면하게 하고 좌절하게 만든다. 부족을 보완하고자 하는 마음이 아니라, 해 본 적도 없는 일들에 지레 겁을 먹게 만든다. 글 앞에 서면 왠지 작아지고 소극적이 된다.

교회의 글쓰기

세상 속 글과 쓰기는 그렇다 치더라도 교회도 글과 쓰기에서 자유롭지 못하다. 기독교는 글의 종교, 책의 종교라 하지 않나. 오늘의 현실은 이 말이 무색하다. 교회에서 글과 쓰기는 잃어버린 도구가 되었다. 글쓰기는 차치하더라도 읽기를 강조하지 않는 것은 직무 유기에 가깝다. 하나님의 말씀인 성경조차 교회에서 외면받는 형국이다. 기록된 하나님의 말씀은 읽는 것이 아니라 듣는 것으로 대체되어 왔다. 말씀을 읽고 묵상하는 자리를 대신한 것들은 신앙의 이름으로 교회의 문화가 되었다. 교회의 모든 것이 되어 버렸다.

그리스도인의 글쓰기

그리스도인에게 글쓰기가 지금처럼 천대받아서는 안 될 분명한 이유가 있다. 하나님은 글을 통해 우리에게 말씀하셨다. 사람을 찾고 부르셔서 말씀하시고, 글쓰기를 통해 그 뜻을 기록하게 하셨다. 글쓰기는 하나님이 자신의 뜻을 전하기 위해 택하신 도구요, 읽기는 하나님의 뜻을 마주하고 그분께로 나아가는 마중물로 허락하신 하나님의 방법이다. 주께서 맡기신 지상명령을 감당해 갈 때 글은 중요한 요소 중 하나다. 모든 그리스도인은 글과 쓰기에 대한 자신의 정의를 확인하고 태도를 새롭게 가다듬어야 한다. 조성된 문화에 휩쓸리지 않고, 성경적 문화를 세워 가는 그리스도인이 되어야 한다.

목사의 글쓰기

기독교 문화, 그리스도인 개인의 삶 속에 성경적 글쓰기의 의미를 세워 가는 일에 우선해야 하는 것은 목사의 글쓰기다. 목사의 글쓰기는 사적인 영역에 속해 있지 않다. 공적 사명을 감당하기 위한 필수 요소다. 신앙을 개혁하고, 기독교 문화를 바로 세우기 위해 반드시 준비되어야 하는 제일 과제요, 평생 갈고닦으며 관리해야 할 교회의 기본기가 목사의 글쓰기다. 교회에 읽기와 쓰기 문화를 세워 가는 것은 중요한 과제이기에 목사의 글쓰기는 선행되어야 한다.

목사의 글쓰기에서 시작해 그리스도인의 글쓰기의 초기값을 세워 가는 일에 힘써야 한다. 목사의 글쓰기는 결코 개인적 학습 차원에 머물 수 없다. 교회 문화를 성경적으로 세워 가는 목사의 사명 감당을 위한 일임을 기억해야 한다. 신앙의 이름으로 세워져 왔으나 잘못 정립된 교회 문화를 바로잡고 성경적 기준을 세워 가는 과정에 힘써야 한다.

『목사의 글쓰기』의 목표

 이러한 전제 아래 이 책의 목표를 네 가지로 정리했다. 첫째, 목사에게 글쓰기는 무엇인지, 둘째, 왜 모든 목사는 글을 써야 하는지 말한다. 셋째, 하나님이 선택하신 도구인 글쓰기를 진행하면 우리에게 어떤 변화와 성장이 일어나는지 밝힌다. 넷째, 글쓰기를 잘할 수 있는 방법과 기술에 대해 이야기한다. 구체적인 목회 글쓰기 지침을 주어 이 책을 읽는 목회자들이 그 지침을 쉽게 적용하게 하는 것을 목표로 삼았다.

 많은 이가 목사를 독자로 규정하기보다 모든 그리스도인을 위한 책을 저술하는 것이 더 좋지 않겠는가 이야기했다. 그것도 중요한 일이다. 이 일을 위한 준비는 지금도 진행 중이다. 하지만 목사의 글쓰기는 그 모든 일에 앞서 강조되어야 하는 일이라고 보았다. 앞에서도 이야기했듯이, 목사의 글쓰기는 절대로 사적 글쓰기에 머물 수 없다. 기독교 문화, 교회 문화, 그리스도인의 신앙생활을 디자인하는 데 목사의 영향력은 결코 무시할 수 없다. 세상을 변화시키는 일은 거대한 프로젝트를 통해 이루어지는 것이 아니라, 나의 변화로부터 시작되는 것이다.

 목사가 바로 서면 교회가 바로 설 수 있다. 오늘 교회의 문제가 오래고 해결 불가능한 것처럼 여겨질지라도 목사가 바로 서면 하나님의 큰일은 이루어지리라 믿는다. 목사의 글쓰기는 하나님의 큰일을 위한 오늘의 작은 일인 동시에, 반드시 세워져 가야 할 일임을 다시 한번 고백한다.

　이 책을 통해 모든 목회자가 글과 쓰기에 대한 바른 정의, 성경적 정의에 대해 고민하고 갈등하며 기도로 나아가는 시간을 누리기 원한다. 무엇보다 기독교 가정과 교회 가운데 잃어버린 하나님의 선물인 읽기와 글쓰기가 회복되는 데 『목사의 글쓰기』가 쓰이길 바란다. 이 책이 교회를 새롭게 하는 시작점이 되기를 기도한다. 그리스도인 개인과 가정, 교회 공동체 가운데 글과 쓰기의 참된 의미가 회복되고 실행되기를 원한다. 이 책을 통한 작은 나눔과 소통이 하나님의 큰일을 이루어 가는 주님의 도구가 되기를 소망한다.

분당 야탑에서
장대은 목사 드림

목사의
글쓰기

1부

목사는
왜 글을
써야 하는가?

6가지 초기값 설정

1

글쓰기는 목사의 디폴트
: 초기값

'디폴트'(default)라는 말이 있다. 컴퓨터 응용 프로그램에서 미리 정해진 값이나 조건을 말한다. 사용자가 특별히 명령을 내리거나 값을 지정하지 않아도 시스템이 자동으로 적용하는 값이다. 어떤 특별한 상황이 아니라면 자동 실행되는 초기값을 말한다.

일을 할 때 초기값을 아는 일은 중요하다. 그것은 전제에 대한 이야기로 상황 이해와 맥락 파악에 필요하다. 자신이 무엇인가를 주도적으로 실행할 때는 더욱 그렇다. 초기값을 알고 설정하는 것은 모든 일의 시작이다. 일의 성공과 실패가 여기에서 비롯된다. 많은 이의 실패가 그들의 노력이 부족하기 때문만은 아니다. 노력이 충분해도 초기값에 대한 이해가 부족하다면 목표에 다가설 수 없다. 있어야 할 것이 없거나 필요 없는 것이 자리를 차지한 경우가 우리 일상에서 빈번하게 일어난다. 목사가 사명을 감당할 때도 마찬가지다. 사명 감당이 중요한 것이라면 목사의 디폴트, 초기값을 살피고 세워 가는 일은 우선되어야 한다.

노력이 열매 맺지 않는 두 가지 이유

사람들은 행복을 추구한다. 누구도 예외가 없다. 행복의 기준이 다르고 자극과 반응 사이의 선택이 다를 뿐이다. 돈도 명예도 육체의 건강도 행복을 추구하는 과정이다. 인간관계를 통해 얻게 되는 최고의 선물도 행복이다. 결혼도 행복을 바라는 이들의 선택이다. 결혼하지 않고 홀로 사는 것도 행복을 바라는 이들의 선택이다. 무엇인가를 하는 것도, 하지 않으려는 것도 행복을 위한 선택이다.

그리스도인의 신앙생활도, 목사가 사명을 감당해 가는 여정도 예외일 수 없다. 사명을 감당하는 과정에서 '하늘에는 영광, 땅에는 평화'를 추구한다. 그리 아니하실지라도 감사해야 하는 이들이 그리스도인이다. 동시에 과정의 진보를 이루고 목표에 다가설 때 행복해하는 것도 그리스도인의 인생 목표 중 하나이며 그것은 자연스러운 삶의 모습이다.

문제는 모두가 행복을 항상 누리며 살아갈 수는 없다는 것이다. 우리의 노력이 항상 원하는 결과로 이어지지는 않는다. 노력해도 목표에서 거리가 멀어지는 이들도 있다. 왜 그런 일이 일어나는 것일까? 수많은 요인이 있겠지만 크게 두 가지 측면에서 살펴볼 수 있다.

첫째, 해야 할 일을 하지 않고 하지 말아야 할 일에 집중하기 때문이다. 사람들은 자신이 무엇인가를 하고 있다는 사실로 위안 삼고, 무엇인가 하고 있지 않다는 이유로 불안해한다. 일상을 돌아보라. 주어진 하루, 무엇을 하며 살고 있는가? 그 일을 왜 하고 있는가? 해야 하는데 하고 있지 않은 일은 무엇인가? 이러한 질문에 자신의 답변을 가져야 한다. 인생의 걸림돌은 다른 데 있지 않다. 자기 자신 안에서 자라난다. 알아야 할 자신을 알지 못할 때 위기가 찾아든다. 왜 그 일을 지금 하고 있으며, 하고 있지 않은지 분명히 알고 있어야 한다.

둘째, 좋은 일과 중요한 일과 먼저 할 일을 알고 준비하고 실행하는 데 실패하기 때문이다. 좋은 일과 나쁜 일이 무엇인지 구별하지 못하고, 중요한 일과 중요하지 않은 일을 분간하지 못할 때가 많다. 먼저 할 일과 나중에 해도 될 일을 판단하는 것도 쉽지 않다. 우리의 한계는 알지 못하는 데만 있지 않다. 알고도 준비하는 데 전력을 다하지 않는다. 더 큰 문제는 실행하지 않는다는 사실이다. 한두 번의 실수는 문제 되지 않는다. 문제는 이러한 부족함이 지속되는 데 있다. 아는 일과 실행하는 일에서 부족이 발생하기에, 원하는 일이 이루어지지 않고 생각지도 않은 일에 끌려가며 살게 된다.

글쓰기는 목사의 디폴트

목사의 디폴트는 무엇인가? 기도와 전도, 설교와 제자 양육 등 목회에는 많은 요소가 있다. 그 어느 하나도 중요하지 않은 일은 없다. 그 중에서도 잊기 쉬운 목사의 초기값이 있다. 바로 글쓰기다. 글쓰기야말로 목사의 디폴트값이다. 글쓰기는 목사의 일이며 사역의 무기다. 하느냐 마느냐, 선택의 요소가 아니다. 목사라면 누구나 글을 써야 한다. 글쓰기를 준비해야 하며 누구보다 쓰기에 숙련된 자라야 한다. 목사는 하나님의 말씀을 맡은 설교자이기 때문이다.

설교는 말이 된 글이다. 모든 말이 설교는 아니지만, 선포되는 말씀은 글로 준비되는 과정을 거쳐야 한다. 준비된 글이 없는 설교를 통해서도 성령은 역사하신다. 성령의 감동으로 원고 없는 설교를 할 수도 있다. 성령의 감동은 우리의 노력을 초월한다. 하나님은 원하신다면 우리의 어리석음을 통해서도 지혜로우심을 나타내신다. 나약한 자를 들어 강한 자를 부끄럽게 하시는 하나님은 우리의 부족함을 통해 지혜로운 자들을 부끄럽게 하실 수 있다.

하지만 기억해야 하는 것은, 준비된 글 없는 설교 가운데도 성령의 감동이 임할 수 있지만 그것이 지속되는 일상일 수 없다는 사실이다. 하나님은 글 없이도 역사하시는 분이지만 자신의 뜻을 나타내는 데 글을 선택하셨다. 하나님은 말씀하셨고, 그 말씀은 글이 되어 오늘 우리에게 전해졌다. 은혜요 축복이다. 믿음은 들음에서 나지만 그 들음은 기록된 말씀의 선포로부터 시작된다.

목사는 글로 자신의 뜻을 전하신 하나님의 마음을 깊이 묵상해야 한다. 자신의 뜻을 나타내기 위해 글을 선택하신 하나님의 뜻을 헤아린 자로 사역에 임해야 한다. 하나님이 선택하신 최선의 도구를 대신할 수 있는 길은 어디에도 없다. 성령의 역사는 인간의 노력을 초월한 것이지만, 설교를 이야기할 때 글쓰기 없는 성령의 감동만 추구하는 것은 지혜로운 처사가 아니다.

초기값을 점검하고 기본을 높여 가라

목사의 글쓰기는 다른 차원의 것이어야 한다. 글을 잘 쓰느냐 못 쓰느냐의 문제만이 아니다. 우리가 감당해야 하는 사명에 관한 이야기다. 우리에게 주어진 진리가 우리에게 요구하는 삶의 자세와 기준에 대한 이야기다. 기준을 높여 가야 하는 분명한 이유다. 작문 실력 향상만 이야기하는 것은 아니지만, 목사의 문장력은 향상되어야 한다. 목사의 글쓰기는 간절하게 진행되어야 한다. 기도하면서 고민하면서 갈등하면서 하나님의 말씀을 자신의 언어로 정리해 가야 한다. 목사의 글은 하나님의 뜻을 담아내는 그릇이기 때문이다. 그렇기에 하나님의 뜻을 담도록 준비하는 과정, 목사의 글쓰기는 그 자체로 예배다.

가수는 무대에 서기 위해서 연습하고 리허설을 거친다. 목사의 설교를 위한 글쓰기는 그 이상의 준비 과정을 거쳐야 한다. 노력해야 한다. 갈고닦아야 한다. 말씀을 선포하는 순간 드러나는 열정과 성령의 역사도 중요하지만, 그 선포는 기도와 번민의 준비 과정이 깃든 선포여야 한다. 목사의 글쓰기는 과정의 진보를 이뤄 가는 목사의 노력이요, 하나님이 인도하시는 과정이다. 할 수 있는 최선의 노력을 통해 향상되어야 할 과제요, 풀어야 할 문제다. 글쓰기는 목사의 디폴트값이 되어야 한다. 목사의 글쓰기를 점검해야 할 때다.

2

글쓰기를 훈련하지 않는 것은
배임 행위다
: 목사의 일

　요리 분야의 백종원 대표, 반려동물 분야의 강형욱 대표, 자녀 교육 분야의 오은영 박사 등은 최근 몇 년간 대중의 관심을 한 몸에 받고 있다. 이들에게는 따라붙는 말이 있다. 각각 '장사의 신', '개통령, 개신', '육아의 신'이다. 사람들의 고민을 듣고 문제를 살펴 해결해 주는 문제 해결사, 그중에서도 각 분야의 최고 전문가에게 '신'의 호칭을 붙여 주곤 한다.

　이 지점에서 생각해 보았다. 목사는 무엇의 '신'이 되어야 할까? '신'이 전문가 중 최고에게 붙는 호칭이라면 목사는 목사의 일로 '신'의 호칭을 받는 이가 되어야 하지 않을까? 신앙인으로서 사람에게 '신'이라는 호칭을 붙이는 것을 불편해하는 이들도 있을 것이다. 분명한 사실은, 목사에게 맡겨진 사명 감당의 자리는 혼자만 만족하는 자리여서는 안 된다는 사실이다. 어떤 자리든 어떤 일이든 교회를 세우는 일이어야 한다. 그리스도의 몸 된 지체를 세워 가는 과정이어야 한다.

나를 변화시키고 이웃을 사랑하며 하나님의 일을 이루어 가는 일에 최고가 되어야 하지 않을까? 세상에서 치열하게 치러지는 경쟁에서 1등을 추구하자는 것이 아니다. 하나님의 마음을 시원케 해 드리는 자, '하늘에는 영광, 땅에는 평화'를 선포하는 목사가 되는 꿈을 꾸어야 한다. 목사의 일에 최선을 다하고, 하나님 앞에 최고요 유일한 존재(only one)가 되기 위한 수고가 필요하다. 모든 염려를 주께 맡기는 것도 사명을 감당하는 자리에서 고백하는 영과 진리의 예배여야 한다.

목사인 나의 일을 정의하라

그렇다면 목사의 일은 무엇인가? 어느 한 가지로 규정하기란 쉽지 않다. 목회는 종합 예술이라 하지 않나. 어느 하나 잘한다고 감당할 수 있는 자리가 아니다. 그래도 목사의 일은 정의되어야 한다. 이 단순한 질문에 대한 자신만의 답변이 준비되어 있지 않다면 주객이 전도되는 일이 너무도 쉽게 발생한다. 해야 할 일을 해야 할 시간에 다른 일들이 그 시간, 그 자리를 대신하도록 두게 된다. 미래의 일이 아니다. 지난 시간 반복되어 온 일이고, 현재 진행형인 일이다. 남의 일이 아니다. 나의 일인 동시에 이 글을 읽는 모든 목회자의 일이다.

목사의 수많은 사역 중에서 목사의 정체성을 가장 잘 드러내 주는 일을 이야기한다면 설교와 글쓰기를 빼놓을 수 없다. 목사의 제일 된 사명은 성경 교사의 사명이다. 하나님의 말씀을 가르쳐 지키게 하는 것이 부르심의 이유다. 그런 목사에게 설교와 글쓰기는 사명 감당을 위해 준비해야 하는 핵심 기술이다. 자신의 언어로 복음을 정리하는 과정인 동시에 세상과 소통하는 자리에서 하나님의 큰일을 감당할 목사의 기본기다. 언어로 주어진 하나님의 말씀을 삶과 연결 짓는 언어의 직공, 삶의 디자인이 목사가 감당해야 하는 사역의 자리다.

인간의 언어를 다루는 일에도 신중해야 하고 많은 준비가 필요한데 신의 언어를 다루는 자로서 목사에게 요구되는 능력은 말할 것도 없다. 어느 누구와 비교하더라도 글을 다루는 목사는 역량이 최고로 준비되어야 한다. 모든 목사는 설교의 신이 되어야 한다. 이를 위해 모든 목사는 글쓰기의 신이 되어야 한다. 서로 다른 이야기가 아니다. 글쓰기가 설교의 준비 과정이요, 설교는 곧 말이 된 글이기 때문이다.

목사의 배임 행위

사역 현장에서 글을 잘 못 쓴다고 말하는 목사들을 자주 만나게 된다. '그럴 수도 있지' 하며 넘길 수 없는, 결코 가벼운 이야기가 아니다. 많은 이가 의미를 알지 못한 채 그 말을 너무도 쉽게 뱉는다. '목사가 글 쓰는 사람이어야만 하는가?' 그렇다. 멋진 문장에 관한 것이 아니다. 세상에서 치러지는 글쓰기 경연에서 인정받는 글 이야기가 아니다. 분명한 사실은, 목사는 글을 다루는 자, 글로 된 하나님의 말씀을 다루는 사람인 동시에 글을 통해 하나님의 말씀을 세상의 언어로 설계하는 디자이너라는 것이다.

그리스도인은 글을 다루지 못해도 들음으로 믿음을 얻고 구원받는다. 그것으로 충분하다. 목사는 다르다. 부르심의 자리가 교사의 자리요 가르치는 자리다. "글을 다루기에 부족함이 있다"는 말은 목사의 사명을 감당하는 데 심각한 문제가 지속되어 왔다고 말하는 것과 다름없다. "글을 다루는 데 능숙하지 않다"는 것은 배임 행위를 자백한 것에 가깝다. 너무 과한 평가라 여겨지는가? 결코 그렇지 않다.

공부 자리와 사역의 현장

목사의 과잉 학습(overlearning)이 언급될 때가 있다. 목사의 자리는 책상 앞이 아닌 삶이어야 함을 강조할 때 나오는 말이다. 학자인 목사보다 목양자인 목사의 중요성을 강조한다. 예수 그리스도의 사랑을 목회 현장에서 그려 내는 현장성은 아무리 강조해도 지나치지 않다. 그렇다고 그것이 목사가 성경 교사로서 준비를 소홀히 하는 근거가 되어서는 안 된다.

과잉 학습이란 무엇인가? 일정 수준 이상에 도달했어도 여전히 반복해 수행하는 학습을 말한다. 학습자가 어떤 일에 숙련되게 하는 긍정적인 작용도 하지만, 자칫 학습자의 일상과 배움의 균형이 깨지는 부정적인 작용도 할 수 있다.

그렇다면 목사는 과잉 학습이라 할 만큼 학습을 진행해 왔는가? 첫째로 물리적인 시간을 과하게 쏟았는가? 둘째로 일정 수준에 이르렀기에 더 이상 학습자가 아닌 현장 사역자의 자리를 지켜야 한다는 말인가? 그러한 차원에서 어느 누구도 과잉 학습이라 할 수 없다. 현장이 중요할수록 말씀을 연구하는 자리, 배움의 자리는 우선되어야 한다. 복음을 선포하는 자리는 잘 훈련된 이들에게 주어지는 자리여야 한다.

신학교를 나오지 않으면 복음 전도자의 삶을 살 수 없는 것은 아니다. 다만 지도자의 자리는 다르다. 지도자는 혼자만의 신앙이나 몇몇 주변 사람과의 소통에 머물지 않기 때문이다. 자신이 준비된 만큼 성도들과 소통할 수 있다. 자신이 준비되지 못해 성도들이 하나님의 말씀을 깨닫는 기회를 상실할 수도 있다는 점을 알 필요가 있다. 두렵고 떨리는 마음으로 목사의 직분을 감당해야 한다. 그 자리에 목사의 글쓰기가 있다. 진인사대천명(盡人事待天命)이라 하지 않는가. 신앙생활도 마찬가지다. 하나님의 뜻이 이 땅에 이루어지는 것은 우리의 노력을 배제하지 않는다. 우리가 할 일을 다 하는 가운데 하나님의 뜻이 이루어질 것을 기다려야 한다.

업무상 배임 행위에서 벗어나기

"목사로서 오늘 무엇을 하고 있는가?" "목사로서 내가 할 수 있는 일은 무엇이며 그 일에 충실한 삶을 살고 있는가?" "목사로서 무엇을 하기 원하는가?" "목사로서 남보다 잘할 수 있는 일이 무엇인가?" "그 일을 잘함으로 나와 이웃, 교회가 함께 세워져 가는가, 아니면 나의 유익만을 추구하게 되는가?" "목사로서 그동안 해 온 일과 하고 싶은데 못하는 일은 무엇인가?" "그 일은 목사의 사명, 행복과 어떤 관계가 있는가?"

목사로서 던져야 할 수많은 질문이 있다. 그 해답으로서 감당해야 할 수많은 역할, 준비해야 할 일이 있다. 그 자리에 목사의 글쓰기가 있음을 기억하자. 목사에게 글쓰기는 아무리 강조해도 지나치지 않는, 하나님의 큰일을 위한 도구다. 글쓰기를 소홀히 하는 배임 행위를 하지 않기를 바란다. 글 쓰는 모든 사람이 목사는 아니지만, 모든 목사는 글 쓰는 사람이어야 한다. 인간의 제일 된 사명은 먹든지 마시든지 무엇을 하든지 하나님을 영화롭게 하는 것이다. 글을 다루는 것이 하나님의 영광을 선포하는 목사의 일임을 기억해야 한다. 소명의 자리에서 언어의 직공으로 사명을 감당해 가는 목사이기를 소망한다.

3

목사의 레토릭, 점검이 필요하다
: 설교 실패

개가 사람을 물 때 vs 사람이 개를 물 때

언론사에 입사한 신입 기자가 제일 처음 듣는 격언이 있다고 한다. "개가 사람을 물면 뉴스가 안 되지만 사람이 개를 물면 뉴스가 된다." 사회적 차원의 문제보다 가십거리에 사람들의 관심이 쏠린다는 이야기다. 그래서일까. 매체를 통해 쏟아져 나오는 많은 기사에 가십이 넘쳐 난다. 가짜뉴스만큼이나 언론에 대한 대중의 신뢰를 잃게 하는 요인 중 하나다. '기레기'라 불리는 기자의 수는 늘어나고 대중의 알 권리는 침해받는다. 기자나 대중이나 그 사실을 모르지는 않지만 어쩔 수 없는 현실인 것일까? 이러한 경향은 우리 사회의 작동 원리처럼 자리 잡아 버렸다.

　교회의 상황도 크게 다르지 않다. 진리를 선포하고 하나님의 말씀, 예수 그리스도의 지상명령에만 집중하고 있지 못한 것 같다. 주께서 분부한 모든 것을 가르쳐 지키게 하기보다 다른 불순물이 교회와 목사의 사역의 우선순위로 자리 잡았다. 무슨 근거로 이런 말을 하느냐고 물을 수 있다. 답변은 간단하지 않다. 이 책 전반에 걸쳐 풀어 가야 할 만만치 않은 문제요 현실이다.

　모든 일에 앞서 짚어야 할 점이 한 가지 있다. 목사의 자리와 역할에 관한 물음이다. 교회 내에는 교회의 사회적 영향력과 관련해 나타나는 문제들의 여러 요인이 있겠지만, 그 문제들의 중심에 목사의 준비되지 못함이라는 원인이 자리하고 있음은 부정할 수 없는 사실이다. 목사는 스스로에게 질문을 던져야 한다. 성경 교사로서 잘 준비되었는지, 사역 현장에서 진행되는 일상의 노력에 부끄러움이 없는지 말이다.

　"목사의 문제가 교회의 유일한 문제인가? 해결해야 할 더 시급한 문제들이 얼마나 많은가?"라고 반문할 수 있다. 여기서 강조하고자 하는 것은 문제 해결을 위한 실마리다. 교회의 지도자로 세움 받은 목사의 자리를 확인하고, 역할에 대한 질문을 바로 세우는 것부터 시작해야 한다.

한 번도 경험한 적 없는 변화가 시작되었다

　코로나바이러스감염증-19(코로나19)를 거치며 교회와 목회자는 새로운 국면을 맞이했다. 성도들은 전과 다른 시각으로 목사를 보기 시작했다. 지금까지 목사의 비교 대상은 목사였다. 규모가 작은 교회의 목회자, 규모가 큰 교회의 목회자로 나누어 보았다. "어느 교회 목사님이 설교 잘하신다"는 소문이 돌고, 그분들의 설교를 듣기 위한 노력이 성도들의 일상에서 진행되었다. 그 과정에서 교회 간 성도의 수평 이동이 발생했고, 이것은 오랜 시간 교회 내 문제로 지적되어 왔다.

　교인들이 소형 교회에서 대형 교회로 쏠리는 것이 이전의 상황이었다면, 현재 상황은 또 다른 국면에 접어든 듯하다. 2000년대 들어 소위 '가나안 성도'가 늘고 있다는 이야기를 심심치 않게 들어 왔다. 코로나19 이후 그러한 경향은 가속화되어 소형 교회는 물론 중형 교회들이 쇠퇴해 가는 현실을 자주 목도하게 된다. 이제는 대형 교회도 자유롭지 못한 상황이다. 일부 교회만의 상황이 아니다. 이 땅의 모든 교회가 공유하는 경험이다. 앞으로 이 현상이 더욱 가속화되리라는 사실을 누구도 부인하지 못한다.

　코로나19로 인해 교회가 한 번도 경험해 본 적 없는 비대면 기간이 계속된 가운데 성도들의 신앙생활과 신앙 감성에 큰 변화가 나타났다. 성도들이 보는 시각은 물론이요 신앙 태도도 이전과 사뭇 달라졌다. 지금의 변화가 정점이 아닌 시작 단계라는 것이 더 두려운 사실이다. 원인이 무엇일까? 수많은 문제가 있겠지만, 목사의 수준이 그리스도인 대중의 성장을 따라가지 못해 초래된 것은 아닌지 물음을 던져 보려 한다.

목사의 레토릭이 점검되어야 한다

'레토릭'(rhetoric, 수사학)은 '웅변가'를 뜻하는 헬라어 '레토'(ῥήτωρ)를 어원으로 한다. 주전 4세기 이전 아테네의 소피스트들을 사람들은 '웅변가'라 불렀다. 소피스트들에게 설득 기술로서 말은 중요했다. 목사에게도 설교의 레토릭은 무엇보다 중요하다. 목사는 설교를 통해 말씀을 전하고, 성도의 삶, 공동체인 교회를 세워 간다.

그렇다고 목사의 사역을 설교에 국한하는 것은 아니다. 설교가 된 말씀을 살아내는 사랑의 실천이 뒤따라야 한다. 가르침대로 성도의 삶을 돌아보며 교회 공동체를 세워 가야 한다. 이 또한 설교의 중요성을 강조하지 않을 수 없는 강력한 이유가 된다. 교회가 하나님의 뜻을 공동체 구성원들과 공유하고 성경적 삶을 살기 위해 힘쓰는 일의 시작점에 설교가 있다는 점은 강조되어야 한다.

동시에 말(설교)에 의존적인 성도가 되지 않도록 하는 일에도 힘써야 한다. 설교 의존적 성도를 양산하는 것 또한 목사의 배임 행위 중 하나이기 때문이다. 목사의 말은 오로지 성도들이 하나님의 말씀으로 나아가게 하는 마중물이어야 한다. 성도들을 하나님 말씀 앞에 단독자로 세워 가는 설교가 될 때 그들이 세상 속 빛과 소금으로 굳건히 살아갈 수 있다.

목사의 설교는 진리를 담아내는 그릇이어야 한다. 밥상을 잘 준비해 성도들과 마주해야 한다. 이것이 목사가 지켜야 할 기본 예의요 갖춰야 할 기본기다. 물론 모든 목사에게는 성도들과 좋은 것을 나누기 원하는 간절함이 있다.

때로는 정성껏 준비된 만찬인 설교가 들을 준비가 안 된 성도들로 인해 '설교 실패' 상황을 마주할 수도 있다. 문제의 요인은 여러 가지겠지만, 이 또한 목사의 자기 성찰로부터 문제 해결을 시도해 가야 한다. 같은 성경 말씀이지만 진리를 품고 살아가는 삶의 자리는 목사와 성도가 서로 다를 수밖에 없다는 점을 알아야 한다. 맛난 요리라며 "먹고 건강해라"라고 이야기하는 것도 중요하지만, 먼저 요리를 해내는 과정이 성공적이어야 한다.

전해야 할 내용인 진리는 명확하다. 동시에 목사는 성도들이 얼마나 성숙했는지도 살펴야 한다. 그들의 관심사는 물론, 해결되지 못한 현실적인 문제도 배제해서는 안 된다. 전해야 할 진리가 중요하다면 그것을 요리해 내고 어떤 방식으로 전하는 것이 지혜로운지 고민하고 갈등하며 기도로 나아가야 한다.

설교하지 않음이 문제가 아니다. 설교는 넘쳐 난다. 경제 분야에서, 화폐의 유통량이 증가해 돈의 내재적 가치가 하락하는 것을 '인플레이션'이라 한다. 오늘날 교회 현실은 설교 부족 상황이 아닌, 설교 인플레이션 상황이라고 해도 과언이 아니다. 부족한 것은 설교 자체가 아니다. 하나님의 마음을 기쁘시게 하고 그분의 마음을 대변할 바른 설교가 부족할 뿐이다.

성도들이 상식적으로 생각하기 시작했다. 의문을 품고 질문하기 시작했다. 목사의 레토릭이 세상 강사의 레토릭과 비교되기 시작했다. 설교와 강의의 차이에 의문을 품기 시작했다. 이전에 없던 모습이다. 개인의 마음속에 숨은 의문이 질문으로 표출되기 시작했다. 억울하다고만 생각하면 안 된다. 단상에서 하나님의 말씀을 증거하는 설교가 세상의 논리 상식을 이야기하는 유튜버들의 이야기보다 수준이 못하다 말하는 이들이 하나둘 늘고 있다. 그들의 말에도 귀를 기울여야 한다. 진리를 이야기하는 목사의 가르침이 인문학적 교양을 논하는 세상 지도자들의 가르침에 비해 뒤처진다는 말을 한두 사람의 불평으로 여겨 지나쳐서는 안 된다. 이 위기감은 내 주관적 경험과 개인적인 느낌에 불과할까? 결코 그렇지 않다.

속보식 설교, 피드백 없는 설교

목사의 설교는 오보를 양산해 내는 뉴스처럼 속보식으로 생산되어서는 안 된다. 수많은 목사에 의해 오류투성이 설교가 양산되는 현상이 반복되고 있다. 취재와 분석 없이 속보 경쟁에 내몰린 기자들처럼, 어느 순간부터 속보식 설교가 난무하고 있다. 검증되지 않은 내용이 성경의 진리를 설명하는 근거로 활용되고 있다. 목사 스스로 설교의 권위를 무너뜨리는 행위를 지속해 온 것이다. 이러한 상황이 반복되기에 설교의 수는 쌓여 가도 설교의 질은 강화되지 않는다. 양질 전환의 법칙이 목회자의 설교에 적용되지 않는 이유다. 누구도 자유로울 수 없다. 내 문제인 동시에, 이 땅의 모든 목사가 풀어야 할 과제다.

여러 가지 이유가 있겠지만, 가장 중요한 요인 하나를 꼽으라면 모니터링 시스템이 없기 때문이다. 누구도 목사의 설교에 대해 이야기해 주지 않는다. 오류를 수정해 주지도 않는다. 오류 수정은 둘째 치고 피드백이 전무하다. 유일한 피드백이 있다면 목사의 아내가 주는 것뿐이다. "오늘 설교가 너무 길었어요. 조금만 짧게 해야 할 것 같아요" 등 내용보다는 길이 문제일 때가 많다. 이것이 현실이다.

'미스터리 쇼퍼'(mystery shopper)라 불리는 사람들이 있다. 일반 고객으로 가장한 채 매장을 방문해 물건의 품질, 위생, 직원의 서비스 등을 평가하며 개선점을 제안하는 사람들을 일컫는다. 목사에게도 '미스터리 교인'이 필요하다. 설교의 피드백 시스템을 갖춰야 한다는 의미다.

설교에 대해 솔직하고 과감하게 직언해 줄 수 있는 관계가 필요하다. 가족이어도 좋다. 동료 목사면 더욱 좋다. 서로의 설교를 나누고 평가하는 과정이 목사의 일상에 디자인되어야 한다. 정기적으로 설교에 대한 자신의 견해를 표현할 수 있는 관계를 세워 가라. 단순히 느낌 차원을 넘어 설교에 대해 이해하고 교회를 세워 가기 위해 기도하는 이들이어야 하기에 대상 선정이 쉽지만은 않다. 잊지 말아야 하는 것은, 건강한 교회를 세우고 목사의 사명 감당을 위해 반드시 해결해야 하는 과제라는 사실이다.

'목사의 부족한 교양과 영성'이라는 맨땅에 성도가 헤딩하지 않도록

타인에게 받는 설교 피드백보다 중요하고 먼저 되어야 하는 것은 '자가 피드백 시스템'이다. 이 지점에서 목사의 글쓰기가 중요한 역할을 한다.

목사는 설교의 실패를 자주 겪는다. 선포하는 순간 일어나는 실수를 말하는 것이 아니다. 준비 과정에서 실패한다. 말씀 선포를 준비하는 과정이 부족함 그 자체다. 말씀은 연구한다지만 문해력을 준비하지 못했다. 하나님의 말씀과 현실을 연결 짓는 논리의 부족함도 엿보인다.

기업은 고객 중심의 사업을 기획하고 전략을 짠다. 출판사는 독자가 원하는 내용을 기획 출간한다. 작가가 책의 주제를 잡고 콘셉트를 구상할 때도 독자의 필요를 마중물 삼는다. 그런데 목사는 다르다. 성도를 배려하지 않는다. 그러면서 진리의 선포자이기 때문이라 말한다. 설교는 하나님의 변함없는 진리를 전하는 것이기에 타협의 대상이 될 수 없다고 이야기한다. 잊지 말아야 하는 것은, 전하는 것은 하나님의 말씀이지만 그 말씀을 수용하고 해석하고 전달하는 '나'는 부족한 존재라는 사실이다.

아무리 진리라 할지라도 준비되지 않은 이들을 거치면 왜곡된다. 완전한 진리도 준비되지 않은 이들의 손을 거치면 세상의 상식만도 못한 가르침이 되곤 한다. 남의 일이 아니다. 과거 어느 시점에만 일어난 일이 아니다. 오늘 우리에게도 반복되는 이야기다.

설교는 한 번 하고 마는 것이 아니기에 선포할 내용과 준비 과정이 관리되어야 한다. 선포할 설교는 잘 준비된 설교안으로 작성되어야 한다. 원고를 따라 읽는 앵무새 목사가 되라는 의미가 아니다. 글로 된 설교는 고민의 과정, 사고의 여정, 기도와 말씀 묵상의 산물이다. 성도와 세상이 갖는 의문에 대한 해답을 찾아가는, 고민의 여정이 깃든 흔적이다. 목사는 설교 원고를 작성하면서 선포할 말씀을 조직화하고 점검해 간다.

무대 공연을 앞둔 가수와 연기자들은 리허설을 거친다. 공연을 애초 기획한 대로 실수 없이 잘 치르기 위해서다. 설교라면 더욱 리허설을 거쳐야 한다. 사람을 앞에 둔 리허설이 아니어도 좋다. 글로 된 원고를 수십 번 읽고 묵상하며 문장을 다듬어 가야 한다. 설교 문장을 다듬는 것은 미사여구로 설교안을 작성하는 것 이상이다. 하나님의 말씀을 인간의 언어로 해석하고 번역해 가는 영적 도해 과정이다.

목사의 레토릭은 점검되고 관리되어야 한다. 교회의 영성, 그리스도인의 영성을 세워 가는 것과 목사의 글쓰기가 가진 연관성을 깨달아야 한다. 이것이 이 책을 통해 나누고자 하는 첫 번째 목표다. 책을 한

장 한 장 넘기며 목사에게 글쓰기가 왜 필요한지 동의하고 인정하게 되면 좋겠다. 그런 이들에게 이 책은 명약은 아니어도 문제 해결을 위한 비상약 역할은 충분히 감당해 줄 것이다.

4

이전의 사실이 오늘의 편향일 수 있다
: 선입견

뉴스는 어떻게 생산되는가?

우리는 일상을 살며 수많은 뉴스를 접한다. TV와 라디오, 신문 등 레거시 미디어(legacy media)를 통해서만 뉴스를 전달받던 시대는 이제 옛이야기가 되어 버렸다. 중소 케이블 방송은 물론, 세계 유수 위성 방송부터 1인 미디어 채널, 개인 유튜브 방송에 이르기까지 뉴스 채널이 셀 수 없을 정도로 많아졌다. 전 세계 뉴스는 거의 실시간으로 보도된다. 다양한 영역에서 전문화된 서비스가 제공되고 있다. 여기에 장점만 있는 것은 아니다. 전에 없던 미디어의 폐해도 늘었다. 가짜 뉴스의 빠른 양산과 확산은 생각지도 못한 사회 문제를 발생시키는 요인으로 부각되고 있다.

 뉴스는 사실을 추구하나 반드시 진실이라 말할 수 없다. 하나의 사건, 현상에 대해 매체별로 다양한 견해를 취한다. 뉴스 편집권자의 가치와 우선순위가 다르고, 그것을 기준으로 뉴스가 취사 선택되기 때문이다. 이를 '게이트 키핑'(Gate Keeping)이라 한다. 뉴스는 사실 그대로 전해지지 않는다. 생각과 해석의 과정을 거쳐 우리에게 전달된다.

 뉴스는 믿음의 대상이 아니다. 보고 듣는 대로 받아들여서는 안 되는 이유다. 강조된 주장 이면의 전제를 살펴야 한다. 보도되는 뉴스 이면의 보도되지 않은 뉴스에 관심을 가져야 한다. 전제와 의도, 전체적인 상황을 파악하지 못한 상태에서 하나의 주장만 받아들일 때 우리의 삶은 자기 의지와 관계없이 다른 이들의 입장과 의도대로 움직이게 된다.

배우기를 멈춘 사람들

 사람들은 이전의 배움에 근거해 이후를 살아간다. 인간의 한계인 동시에 자연스러운 인생 여정이다. 사람들 대다수는 20대 초반에 정규 교육 과정을 마무리한다. 그리고 배움의 양이 절대적으로 줄어든 상태에서 나이를 먹어 간다. 교육의 양 대신 질이 강화되는 삶을 사는 것도 아니다.

 공교육이 무너졌다며 모든 이가 아우성이다. 아이러니한 것은 그 무너진 교육의 현장에서 받은 교육이 우리의 삶에 지대한 영향을 미쳐 왔다는 것이다. 우리가 생각하는 것 이상으로 20대 초반까지의 배움이 이후 인생을 좌우한다. 사람을 보고 판단하는 기준도 그렇다. 20대까지의 학교 성적이 지닌 영향력은 오랜 기간 사람들의 삶을 결정짓는 근거가 되곤 한다. 20대 이후 수십 년 진행한 노력의 결과보다 강력한 영향력으로 작용한다. 특별한 경우의 이야기가 아니다. 평생 배움에 대해 고민하지 않는 이들에게 이런 일은 일상적으로 벌어진다. 사회적 평가 기준이 변하고 있는 것은 사실이나, 지금까지는 그랬다.

평생 배움을 디자인해야 한다. 누구도 예외일 수 없다. 100세 시대를 살아야 하는 모든 이에게 부여된 과제다. 변화하는 세상을 앞서가지는 못해도 보조를 맞추기 위해서라도 공부가 필요하다. 이전의 공부가 아닌, 변화하는 세상을 살기 위한 평생 배움이 필요한 때다.

신앙의 역습

신앙의 영역도 크게 다르지 않다. 공부를 잘 하지 않는 집단 중 하나가 종교계에 속한 이들이다. 자신들에게 진리가 있다고 생각하기 때문이다. 진리를 품고 있기에 다른 모든 가치를 폄하하곤 한다. 자부심의 발로이기는 하나, 퇴보의 길잡이가 되기도 한다. 오늘처럼 빠르게 변화하는 특이점의 시대에는 더욱 그렇다.

변화하라는 것은 진리를 버리라는 것이 아니다. 진리는 방향성이다.

인생에서 지향해야 할 목적이다. 목적은 달성 불가능한 것임을 알아야 한다. 진리를 가졌다고 생각하는 이들이 먼저 추구해야 하는 것은 현실 세계에서 성취 가능한 목표다. 변화해야 하는 것과 변하지 않는 진리 사이에서 균형을 유지하며 살기 위한 과정이다. 어려운 일이지만 이 일에 성공해야 한다. 진리가 우리를 자유롭게 할 수도 있지만, 부자유함의 근거가 될 수도 있다. 진리는 완전할지라도 우리는 부족한 존재이기 때문이다.

진리는 그 자리에 있지만 나의 해석과 판단은 진리의 영향만을 받지 않는다. 시대적 배경, 교육적 배경, 성향에 따른 경향성에 의해 각기 다른 생각을 구축하며 살아간다. 내가 가진 믿음과 신념이 세상을 바로 보지 못하게 하는 장애물이 되고 있다. 신념이 강하면 그것을 전제로 세상을 해석한다. 긍정적인 신념은 좋지만 문제를 문제로 보지 못하게 한다면 그 신념이 모든 문제의 근원이 된다.

사람들은 자신을 둘러싼 환경에 지대한 영향을 받는다. 그리고 이 사실을 안다고 말은 해도 그 강력함을 진지하게 생각하는 이들은 그다지 많지 않다. 그 결과는 환경의 영향에서 벗어나지 못한 삶이다. 오늘 우리에게 영향을 미치는 내용 중 우리가 어리고 젊었던 시절에 보고 듣고 배운 것이 대부분을 차지한다면 기뻐해야 할까, 두려워해야 할까?

나를 세워 온 신앙이 그리스도인으로서 나의 삶을 무너뜨릴 수 있음을 기억해야 한다. 오랜 신앙 연수가 변화의 걸림돌이 될 수도 있다.

믿음을 위한 자기 부인이 아니라 현실을 받아들일 수 없는 자기 부정이 넘쳐 난다. 편향된 신앙에 편향적 정보가 더해져, 편향된 신앙의 부조리함이 더욱 강하게 드러나는 시대를 살고 있다. 사실을 보는 것이 얼마나 어려운지. 본다고 보는 것이 아니다. 읽는다고 읽는 것이 아니다. 본 것 그대로, 읽은 내용 그대로 우리에게 자리하지 않는다. 나도 모르는 사이에 편향된 지식이 나의 인식이 되어 버리고, 그렇게 자리한 선입견으로 사람을 보고 세상을 보게 된다.

사회심리학 분야에는 '경로 의존성'(path dependency)이라는 개념이 있다. 미국 스탠퍼드대학의 폴 데이비드(Paul David) 교수와 브라이언 아서(Brian Arthur) 교수가 주창한 개념으로, 인간에게 흔히 나타나는 경향성에 관한 이야기다. 사람들은 한번 일정한 경로에 의존하기 시작하면 나중에는 그 경로를 벗어나지 못하는 경향이 있다는 것이다. 그 경로가 비효율적이라는 사실을 알고도 벗어나지 못하는 경우도 비일비재하다. 자신이 가진 지식, 확신, 믿음이 우리를 편향되게 만들며 편견 속에서 살도록 이끈다.

목사도 어쩔 수 없는 사회인이다. 믿음을 갖고 살아가는 것은 은혜지만 공동체, 사회와의 조화를 위해 소신을 굽혀야 하는 순간들을 경험하게 된다. 시기상조라는 이유로, 레거시 문화의 힘을 거부할 수 없기에 완급을 조절하고 시간적 목표를 수정해야 하는 상황을 직면하곤 한다.

경로 의존성에 빠진 이들 중 적지 않은 이들이 '더닝 크루거 효과'(Dunning–Kruger effect)라는 심리적 현상 속에 살아간다. 단순 심리라기보다 자신의 잘못으로 인해 일어난 결과임에도 자신의 잘못을 깨닫지 못하는 지나친 인지적 편향 상태를 말한다. 그들은 부족한 능력에 비해 과도한 자신감을 갖고 판단하며 행동한다. "무지는 지식보다 더 확신을 하게 한다"는 찰스 다윈(Charles Darwin)의 말은 이 경우를 두고 한 말이 아닐까.

목사의 재사회화가 필요하다

진리는 변하지 않지만 세상의 모든 것은 변하기에 목사의 교양은 관리되어야 한다. 성도의 직업이 변하고 그들의 삶의 문화도 변한다. '아는 만큼 사랑한다'는 것은 진리는 아닐지라도 사랑의 가능성을 높여가는 요소임이 분명하다. 오늘날을 '인공지능 시대', '특이점의 시대', '메타버스의 시대'라 말한다. 이전에도 있던 변화가 오늘도 지속되는 차원이기도 하지만, 그 변화의 크기와 정도가 이전보다 크고 심하다. 속도도 빠르다. 목사의 재사회화가 필요한 분명한 이유다. 진리를 알았다고 자신이 가진 패러다임과 사고 체계가 진리라고 생각해서는 안 된다. 진리는 변하지 않는 것이지만 다른 모든 것은 시시각각 변화에 반응해야 한다.

나이 듦의 미덕, 경력이 주는 지혜도 결코 무시할 수 없다. 다만 공부하고 사고하며 메타인지를 높이려 노력하는 이들에게 나이 듦이 미덕으로 자리하게 된다. 대다수의 사람은 그것만으로 충분하다. 그러나 사회적 의결권을 지닌 지도자들은 다르다. 나이 듦에서 오는 성장과 함께 자연스러운 약화에 위기감을 느끼고 더욱 배움에 힘써야 한다. 진리가 우리를 자유롭게 하는 축복을 누려야지, 진리가 나의 삶을 발목 잡는 근거가 되게 해서는 안 된다.

  소신을 지킨다는 것은 필요하지만 소신이 진리는 아니기에, 나만의 소신이 아닌 공동체 구성원 각자의 소신도 존중하기 위해 노력하자. 진리 외에 서로의 의견과 각각의 소신의 교집합을 찾고 그곳에서부터 그리스도인 공동의 인생 목표를 향해 나아가는 노력을 경주해야 한다. 이를 위해 현명한 목사가 필요하다. 선입견에 빠진 목사가 아닌, 진리 안에서 참 자유자 된 목사가 필요하다.

5

글쓰기는 목사의 시그니처 무브
: 숨겨진 자산

 오늘의 한국 교회와 목사를 생각할 때면 예수님 당시의 유대교, 종교인들에 대한 성경의 내용이 오버랩된다. 누군가를 비판하기 위함이 아니다. 나를 돌아봄이며, 하나님이 의롭다 칭하시고 구원하셨으나 여전히 나약한 인간 존재에 대한 묵상이다.
 나는 성경을 묵상하는 가운데 우리와 존재 자체가 다른 신앙 영웅은 발견할 수 없었다. 동시에 우리와 존재 자체가 다른 패역한 죄인도 발견할 수 없었다. 영웅처럼 보이는 신앙의 선조들, 독사의 자식들처럼 보이는 이들은 있었으나 그들은 다른 어떤 존재, 특별한 존재가 아니었다. 우리와 성정이 동일한 존재였다. 하나님의 뜻 가운데 누군가는 은혜로 부르심을 받고 하나님께 쓰임 받아 하나님의 영광을 드러낸 존재가 되었다. 또 누군가는 연약한 모습 그대로 죄인의 모습만 비쳤다. 그러나 그들 모두는 신앙의 스페셜리스트도, 죄인 중에 괴수도 아닌 평범하게 이 땅을 살아갔던 존재들이다. 대역죄인처럼 회자되는 바리새인들도 그러한 존재 중 하나였다.

사두개파의 몰락과 바리새파의 중흥

사두개파(Sadducees)와 바리새파(Pharisees)는 유대인을 대표하는 두 세력이었다. 사두개파는 성전을 중심으로 한, 모세오경만을 경전으로 받아들이는 제사장 중심의 무리였으며 현실주의적인 계파였다. 이에 반해 바리새파는 신학과 전통을 중시하는 이들이었다. 모세오경의 율법을 중심에 두되, 구전으로 전해진 율법과 오늘날 '구약 성경'으로 불리는 다른 내용도 하나님의 말씀으로 받아들인 세력이었다.

제사장이자 유대 귀족의 대다수를 차지한 사두개인 중에는 식민 통치 기간 자신들의 기득권을 이어 가기 위해 로마와 긴밀히 소통한 이들이 적지 않았다. 그러던 중 헬라 문화가 유대 사회를 휩쓸기 시작했다. 로마의 식민 통치 기간에 태어난 유대인 중 많은 이가 헬라 문화에 익숙해져 모국어인 히브리어를 잊어버리는 상태에 이르게 되었다.

바리새파는 로마 통치 이전 셀레우코스 왕조가 유대 땅을 통치할 때 유대 말살 정치에 반발하여 일어난 '하시딤'(Hassidim)에서 비롯된 세력이다. '율법에 충성을 다하는 사람들', '경건한 사람들'을 의미하는 하시딤은 선택받은 유대 민족이 헬라화되는 것에 반대한 이들을 중심으로 결성되었다. 그들은 율법 외의 모든 불경건과 세속과 결별하며 세상과 분리된 삶을 추구했다. 헬라 문화를 타파하고 율법 중심의 신앙 회복과 경건주의적인 생활을 추구하는 하시딤의 이상은 바리새파 사람들에게 그대로 계승되었다.

주후 70년, 로마와 유대 전쟁 당시 성전은 파괴되었고, 성전을 중심으로 활동하던 사두개인들은 점차 역사의 뒤안길로 사라져 갔다. 유대인들도 성전 파괴 이후 디아스포라 민족의 삶을 살아가게 되었다. 또다시 유대 민족의 고난이 시작되었다. 주후 135년 유대가 멸망한 이후로 예루살렘을 떠나는 이들은 더욱 늘어 갔다. 예루살렘 성전이 무너진 후 디아스포라로 살아가는 유대인들은 삶의 중심에 성전 대신 율법을 두고 신앙을 이어 갔다. 그들에게 율법을 중심으로 한 신앙마저 없었다면 오늘 우리가 아는 유대인은 존재할 수 없었을 것이다. 전 세계에 흩어진 유대인이 공동체를 이루며 선민(選民)의 정체성을 계승하도록 이끈 이들이 바리새인의 후손들이다.

주후 90년 팔레스타인 북부 얌니아(Jamnia)에서 유대 경전을 24권으로 정경화하는 작업이 진행되었다. 유대 경전 타나크(개신교의 구약 39권)와 함께 오랜 기간 구전되어 온 토라를 주후 2세기 미쉬나로 정리한 이 모든 일의 중심에 바리새인이 있었다.

그런 바리새인들을 향한 우리 그리스도인들의 인식은 어떠한가? 외식하는 자, 권위 의식에 사로잡힌 위선자의 대표적 이미지로 각인되어 있다. 예수님을 핍박하고 죽음으로 내몬 집단으로서 감당해야 할 몫인지도 모른다. 우리가 질문해 봐야 하는 것은, 우리가 알고 있는 것이 바리새인에 관한 전부인가, 그들의 존재는 우리에게 정당한 평가를 받아 왔는가다. 누군가에 대한 평가가 편향되거나 왜곡되어서는 안 될 것이다.

바리새인에 대한 예수님의 언급도 결코 긍정적이지는 않았지만, 분명한 사실은 이 말씀과 우리에게 각인된 이미지가 그들의 전부는 아니라는 것이다. 나의 편향된 판단이라기보다 신앙인으로서 유추 가능한, 믿음 안에서 해 본 상상이라고 말하고 싶다.

오늘날 이 땅의 교회, 목사들을 향한 세상의 시선과 평가를 생각해 보자. 기독교를 '개독교'라 부르는 세상을 마주한 지도 오랜 시간이 지났다. 외부의 비판적인 시각뿐 아니라 기독교 내 자성의 목소리가 적지 않을 만큼 죄악이 관영한 우리의 모습도 부정할 수 없다. 신문 지면과 방송을 통해 들려오는 목회자의 탈선과 범죄 이야기를 접하면 얼굴이 뜨거워지고 복음의 문이 서서히 닫히는 듯해 두려운 마음이 들기도 한다.

잘 드러나지 않았을 뿐이지 이 땅의 그리스도인, 모든 목사는 부인할 수 없는 연약한 존재들이다. 그렇다고 이 땅의 교회와 목사 모두를 사악한 집단, 범죄 집단, 타락한 공동체와 사람들로 평가하는 것이 과연 옳은 일일까? 결코 그렇지 않다. 하나님이 세우신 남은 자들, 하나님이 친히 세우시고 보호하시는 교회가 적지 않음을 우리는 알고 있다. 그렇기에 교회와 그리스도인은 빛 된 존재로서 죄악이 관영한 세상에 하나님의 영광을 선포해 왔고, 이후로도 하나님이 그렇게 하실 것을 믿는다.

바리새인들은 선민으로서 성결하게 살아가기 위해 발버둥 치던 경건한 자들이었다. 하나님의 말씀을 중시하며 세상의 그 무엇과도 타협하지 않으려 한 경건한 자들이었다. 예수님이 활동하시던 시절 유대인들이 그나마 히브리 신앙을 지킬 수 있었던 것도 바리새인들 덕분이었다. 모세오경뿐 아니라 구약의 경전이 지켜지고 전승된 배경에는 바리새인들의 결단이 있었다. 그들이 죽음을 불사하며 투쟁하고 하나님의 말씀에 순종하며 경건하고자 힘썼기 때문이다.

시그니처 무브

한 사람의 특정적인 몸짓이나 행동을 '시그니처 무브'(signature moves)라 부른다. 한 개인을 대표하는 기술, 누구에게나 알려져 그 사람을 특징짓는 대표적인 행동을 의미하는 말이다. 스포츠 선수들의 특별한 움직임이 팬들 사이에 회자되는 경우가 많다. 박찬호 선수의 시그니처 무브도 유명하다. LA다저스 신인 시절, 다리를 높이 들어 투구하는 모습은 그의 트레이드마크로 사람들에게 인식되어 있다. '농구의 황제'라 불리던 마이클 조던(Michael Jordan)의 턴어라운드 페이더웨이(fadeaway) 슛은 그의 시그니처 무브로 유명하다. 상대 수비와 골대를 등지고 선 자리에서 몸을 돌려 뒤로 점프하며 던지는 슛이다. 많은 이가 구사하는 동작이지만 마이클 조던의 명성과 실력으로 인해 그의 대표 동작으로 팬들에게 각인되어 있다.

시그니처는 스포츠계에서만 사용되는 말은 아니다. 레스토랑이나 요리사에게는 자신을 대표하는 시그니처 메뉴가 있다. 기업을 대표하는 시그니처 제품도 있다. 미국의 창고형 대형 마트인 코스트코(Costco)의 시그니처 상품으로는 저렴한 특대형 피자나 고품질의 연어를 떠올리게 된다. 시그니처 무브나 시그니처 제품이 그 사람이나 기업의 모든 것은 아니지만, 그것을 중심으로 사람들과 소통할 기회를 얻을 수 있다는 차원에서 특별한 것임은 분명하다.

글쓰기는 목사의 시그니처 무브다

목사의 시그니처 무브는 무엇일까? 누가 뭐래도 '설교'다. 목사로 부르심을 설교로 부르심이라 이야기해도 전혀 이상하지 않을 정도로 '목사는 곧 설교자'라는 인식이 널리 퍼져 있다. 또 한 가지 시그니처 무브가 있다. 바로 글쓰기다. 글쓰기야말로 목사의 시그니처 무브여야 한다. 목사의 설교가 드러난 시그니처 무브라면, 목사의 글쓰기는 감추어진 시그니처 무브라고나 할까.

목사에게 글쓰기는 '히든 에셋'(hidden asset), 숨겨진 자산과도 같다. 보이는 설교를 통한 은혜는 보이지 않는 자리에서 기도와 깊은 묵상 가운데 써 나간 글이 설교가 되었을 때 가능하다. 하나님의 말씀인 성경이 그렇게 우리에게 주어졌다. 하나님이 보이지 않는 자리에서 선택하여 부르신 이들을 도구 삼으셔서 글을 쓰게 하셨기에 오늘 우리는 은혜의 성경을 누리며 살아간다.

글을 쓴다는 것은 종이 위에, 컴퓨터 모니터에 글자를 담는 행위 이상의 의미가 있다. 우리의 눈은 쓰인 문자를 보지만 그것이 가리키는 방향은 인생 너머 영원한 하늘나라요, 우리를 창조하신 하나님의 마음이다. 목회자로 글을 쓰게 하시고 가르쳐 지키게 하는 사명을 통해 예수 그리스도의 지상명령은 성취되어 왔고, 교회는 더욱 공고히 세워져 왔다.

마지막 때를 사는 목사로서 독사의 자식들이라 불렸던 바리새인들을 묵상해 본다. 그 속에서 '목사'인 나 자신을 마주할 수 있다면, 하나님은 바울을 통해 역사하셨듯이 오늘 목사 된 나를 통해서도 하나님의 일을 이루어 가실 것이다. 그중에서도 기억하기 원하는 것은, 바울이 부르심을 받기 전에 바리새인 중의 바리새인으로 자신을 준비해 왔다는 것이다. 바리새인들은 누구보다 하나님의 말씀을 사랑했으며, 말씀을 사모하고 묵상하며, 선택받은 선민의 자긍심을 가지고 살아갔다. 바울이 회심 후 사도로 부르심을 받고 신약 성경의 기자로 쓰임 받을 수 있었던 이유 중 하나가 그에게 글을 다루는 역량을 길러 온 시간이 있었기 때문임을 기억해야 한다.

바리새인과 사두개인의 누룩은 경계하고 조심하자. 그러나 하나님이 연약한 그들이 준비한 것들로 하나님의 일을 감당하게 하셨음도 잊지 말자. 무엇보다도 말씀을 사모하며 예수님 이전에 이방의 핍박과 방해 가운데서 율법을 지키고자 힘썼음을 기억해야 한다. 또한 예수님 이후 디아스포라로 전 세계를 떠돌면서도 율법을 사모하며 민족의 정체성을 지켰던 그들을 교훈으로 삼았으면 한다. 오늘 유대인의 교육은 참된 교육의 대명사로 전 세계인에게 각인되어 있다.

 목사가 감당해야 할 많은 사역이 있겠지만, 글로 된 성경을 다루는 성경 교사로서 바리새인 이상으로 말씀에 대한 사모하고 글을 다루는 훈련이 된 일상을 살기를 바란다. 목사에게 가장 중요한 것 중 하나가 드러나는 설교라면, 목사의 글쓰기는 목사를 목사 되게 하는 숨겨진 자산으로 끊임없이 진행되고 관리되어야 하는, 하나님이 맡기신 사명임을 기억하자.

6

외로움에서 홀로 있음으로
: 선택한 외로움

소외되는 것에 대한 두려움

요즘 '포모증후군'(FOMO Syndrome)에 시달리는 사람들이 증가하고 있다고 한다. 포모증후군은 '소외되는 것에 대한 두려움'(Fear Of Missing Out)의 머리글자를 딴 '포모'(FOMO)와 '증후군'(Syndrome)을 합성한 말이다. '고립공포감'이라고 번역할 수 있는 포모증후군은 여러 분야에서 어렵지 않게 발견할 수 있다. 잘 모르는 기업의 주식을 사람들을 따라 매수하는 이들이 있다. 가격이 급등하고 많은 사람이 해당 주식을 매수할 때 자신만 잘나가는 기업의 수혜를 받지 못하는 것은 아닌지 불안해하며 분위기에 휩쓸려 계획하지 않은 주식을 매수하려는 이들의 심리도 포모증후군의 하나다.

  SNS로 소통하는 것이 익숙한 세대에서 포모증후군은 쉽게 발견된다. 유튜브 조회 수와 페이스북의 '좋아요' 수로 자신이 맺고 있는 관계의 정도를 파악하다 보니 그것으로 인해 좋아하기도, 의기소침해하기도 한다. 그런 이들은 과도한 시간을 SNS에 소비하며 조회 수, '좋아요' 수에 집착하는 모습을 보인다. 나만 모르는 멋지고 흥미로운 일이 어디에선가 일어나는 것은 아닌지 불안해하고 모든 일에 자신만 뒤처질까 조바심을 내는 증상도 포모증후군이라 할 수 있다.

  제품을 판매하는 회사도 사람들의 이러한 특징을 이용한 광고로 매출을 올린다. '한정 수량 판매'라든가 '매진 임박'이라는 문구는 포모족에게 충동을 일으켜 제품을 구매하도록 이끈다. 기업은 포모증후군을 이용해 실적을 올리지만, 대중은 소외되고 싶지 않다는 욕구를 이용한 기업의 홍보에 이용당해 의도하지 않은 손실을 입는 경우가 발생한다.

관계의 거리를 유지하라

  포모증후군의 또 다른 형태를 우리 곁에서 얼마든지 찾아볼 수 있다. 홀로 있기를 두려워하는 이들에게 발견되는 현상이다. 홀로 있기보다는 사람들과 함께 있는 것을 좋아한다. 홀로 있을 때의 외로움이 두려워 사람들과 관계 맺음으로 문제를 해결하려 한다. 함께한다는 것이 잘못된 것은 아니다. 균형이 무너지는 것이 문제다. 사람들과 함께하고 어울리는 것은 좋으나 나 혼자만의 시간과 자리를 잃어버린다면, 사람들과 어울림은 건강한 관계를 유지하기 위함보다는 관계 집착, 홀로 있는 자리로부터의 도피라 할 수 있다.

목사에게 관계의 균형, 관계의 거리 유지는 그 무엇보다 중요한 일이다. 함께하는 것이 목사의 삶의 자리임은 분명하다. 더불어 말씀을 묵상하고 연구하며 글 쓰는 목사의 사명을 감당하려면 홀로 있는 자리로 나아가야 한다. 그래서 더욱 주위 사람들과 거리를 유지하고 관계의 균형을 이루어 가는 지혜가 필요하다.

첫째, 친구들과 거리를 유지해야 한다. 목회자는 규모가 큰 교회든 작은 교회든 목회자로서 외로움을 느낀다. 수많은 성도와 함께하는 교회 생활 속에서도 외로움은 가시지 않는다. 목사이기에 느끼는 고뇌를 나눌 이가 많지 않다. 그 외로움을 해결하기 위해 친구를 곁에 두기 시작한다. 목회자에게 목회자 친구가 있는 것은 문제 되지 않는다. 서로 격려하며 사역에 힘이 되어 준다. 문제는 시간 관리다.

참여하는 모임이 하나둘 늘어 가며 관계하는 이도 많아진다. 외로움의 빈자리를 개인적인 모임들로 채우며 균형을 잃어 가는 이들을 만나곤 한다. 친목도 좋고 목사의 공동체 관계 유지도 좋지만 목사의 영성을 유지하기 위한 시간은 확보되어야 하지 않을까. 말씀 묵상 시간과 기도 시간을 낼 수 없을 정도로 관계가 넘치는 이들도 있다. 책을 읽고 글 쓰는 시간을 낼 엄두도 내지 못한다. 아니, 그럴 마음이 없는 것인지도 모른다. 관계가 좋다지만 그 관계가 하나님과의 관계를 유지해 가는 기도와 묵상 시간, 연구 시간을 잠식하도록 놔두어서는 안 된다.

둘째, 부부 사이에도 거리를 유지할 필요가 있다. 부부는 결혼을 통해 일심동체가 된다. 부부 싸움을 한 날에도 각방은 쓰지 말아야 한다는 관계 회복의 마지노선은 항상 지키려 힘쓴다. 목회자 부부만의 이야기는 아닐 것이다. 바른 부부 관계를 지켜 가기 위해서는 우선 함께하기 위한 노력의 경주가 필요하다.

하지만 또 다른 차원의 노력이 필요한데, 부부 사이에도 자기만의 시간, 공간이 유지되어야 한다는 것이다. 가까운 부부일지라도 거리를 유지하며 자기만의 시간을 갖는 것이 필요하다. 책을 읽고 글을 쓰는 이들에게는 더욱 이 시간이 필요하다. 목사에게도 배우자에게도 그 시간을 견뎌 낼 나만의 창조적인 것이 필요하다. 목사라면, 목회자의 아내라면 혼자만의 시간, 홀로 있음의 자리를 누리고 즐길 수 있는 훈련이 되어 있어야 한다.

스마트폰으로 채워서는 안 되는 소중한 시간이다. 친구들과 식당과 커피숍을 전전하며 채우는 시간에 대한 이야기가 아니다. 내면을 채워 가는 기도, 말씀 묵상, 독서와 사색, 생각을 글로 정리해 풀어놓는 글쓰기 시간이 필요하다. 이 시간을 통해 엉켰던 삶이 제자리를 찾아가는 축복을 누리기 때문이다.

외로움에서 홀로 있음으로 나아가라

혼밥이 유행이다. 1인 가구가 늘며 싱글족을 겨냥한 사업도 날로 번창하고 있다. 혼자 사는 이들이지만 마냥 외롭지는 않다. 외로움을 달래 주는 수많은 활동이 그들의 삶을 채우고 있다. 웹툰, 각종 SNS, 인터넷 게임, OTT를 통한 영화, 드라마부터 온라인 교육으로 채워진 일상은 외로울 틈이 없다.

1인 가구가 많다고 해서 이들이 홀로 있음에 능한 세대라 할 수는 없다. 이들 중 소수는 새 시대를 선도해 가는 창조자로 살아간다. 예전이라면 얻지 못할 기회를 누리고 홀로 있는 자리에서 고민하고 갈등하며 미래를 창출한다. 다수는 그렇지 못하다. 홀로 있는 것을 선택하지만 외로움을 이겨 내지는 못한다. 홀로 있음을 통해 개인의 역량을 키우기보다 시간의 흐름 속에서 대체 가능한 존재로 변해 간다.

이제 시대는 변했고, 사유의 자유와 역량은 특정 소수의 능력이 되어 버렸다. 스마트 시대에 필요한 능력은 외로움에서 홀로 있음으로 나아가는 것이다. 외로움을 달래기 위해 자신의 삶의 자리를 다른 사람들과 문화에 내어 주기보다 홀로 있음으로 나아갈 줄 아는 자들에게 시대는 자신의 자리를 내어 준다. 주어진 외로움에 괴로워하기보다 외로움을 선택하고 홀로 있음을 누릴 수 있어야 한다. 홀로 있다 보면 외로워지기도 하지만 그럴 때 사유 활동이 가능해진다.

목사의 일상은 홀로 있는 자리와 목회 현장 속 함께하는 공동체의 자리 사이에서 균형이 잡혀야 한다. 홀로 있는 자리에서 하나님을 알아 가고 자신과 대면하는 자리를 지키는 이들에게 공동체 속 관계는 서로를 세워 주고 살리는 관계로 거듭날 것이다.

단독자요 독학자가 되라

목사여! 외로움에서 홀로 있음으로 나아가는 단독자, 독학(獨學)자가 되라. 홀로 사고하고 고민하며 갈등하는 가운데 진리를 추구하라! 하나님 앞에 단독자로 나아가 은혜를 구하라! 하나님과 나의 관계를 중보하시는 예수님의 대속을 힘입어 주어진 단독자의 자리를 누구에게도 빼앗기지 마라. 세상에 보내심을 받은 자로서, 독학자로서 말씀 앞에 자신을 세우라. 말씀 앞에서 준비하고 연단받으며 하나님의 마음으로 자신의 마음을 채워 가야 한다.

말씀의 능력으로 살며 사랑하는 존재가 되어 가기를 소망한다. 어리석은 자를 들어 지혜로운 자를 부끄럽게 하시고, 약한 자를 들어 강한 자를 거꾸러뜨리시는 하나님을 힘입어 세상에 담대하게 선포하는 사명자로 세워져 갈 줄 믿는다. 외로움에서 홀로 있음으로 나아가는 신앙의 단독자요 독학자로 설 때 가정과 교회, 세상을 변화시켜 나가는 목사로 살아가게 될 줄 믿는다.

2부

목사의 글쓰기, 무엇을 목표로 하는가?

6가지 목표 디자인

7

글쓰기는 자기 성찰의 질을 높이는 기술
: 메타인지 향상

　결혼 전 월악산 영봉이 내다보이는 산기슭에서 살았다. 유무상통하는 기독교 공동체의 구성원으로 살았던 복된 4년이었다. 매일 아침이 기다려졌다. 마음과 뜻이 하나 된 이들과 함께 아침에 눈을 뜨고 밥을 먹으며 일상을 산다는 것은 행복 그 자체였다. 공동체의 일상 중 의견 충돌, 부딪침이 없을 수는 없었다. 다만 결혼 전이었기에, 가정을 이루고 공동체 생활을 시작한 이들보다는 좀 더 자유로운 상태로 일상을 만끽할 수 있었던 듯하다.
　공동체의 일상은 아침 영성 학습으로 시작되었다. 영성 학습은 그리스도인들의 일상 큐티와 크게 다르지 않다. 다른 점이 있다면, 묵상의 결과를 조금 긴 글로 정리한다는 것이다. 그즈음 글쓰기는 내 삶의 즐거움이 되어 가는 시기였다. 매일 아침 말씀 묵상을 하며 글 쓰는 시간은 하나님과의 친밀함은 물론이요, 내적인 성장과 변화를 가져다준 선물과도 같은 시간이었다.

생각이 머리에 있으면 내가 그 생각을 지배하고, 생각이 말과 글이 되면 그 말과 글이 나를 지배한다고 했던가. 다른 이들은 몰라도 내게는 정말로 그러했다. 그 당시 마음에 꿈꾸고 소망하는 것, 글로 표현된 비전과 기도 제목들이 나를 변화시켜 나갔다. 오늘의 나도 그때부터 습관화된 글쓰기가 없었다면 불가능했을 것이다. 하나님이 사도 바울을 통해서도 말씀하시지 않았던가. '하나님은 우리 마음에 소원을 두고 행하신다'고 말이다(빌 2:13). 그 소원이 글로 정리되는 가운데 나를 향한 하나님의 꿈은 더욱 선명해져 갔다.

영성 학습 시간은 학생들이 일상을 시작하는 첫 번째 시간이기도 했다. 공동체의 모든 가족이 공동체가 설립한 크리스천 중고등학교의 교사였기에 학생들과 영성 학습의 묵상 글을 자주 나누곤 했다. 어른도 그렇지만 아이들은 말보다 글로 표현할 때 더 속 깊은 이야기를 하곤 한다. 글을 통해 조금 더 잘 정리된 아이들의 생각을 마주할 수 있었다. 아이들의 글을 보며 감동하고 은혜를 받은 순간도 적지 않았다.

여느 날처럼 아침 영성 학습 진행 후 내 사무실에서 쉬고 있었다. 한 학생이 상담을 요청해 오며 고민을 토로했다.

"호도애 님! 저는 참 가식적인 사람인 것 같아요! 말과 기도로는 언니들을 사랑한다고 고백하지만 마음속에서는 언니들이 미워지곤 해요. 아침 영성 학습을 하는데 언니들이 미워지는 저의 마음 때문에 너무 힘들어요."

심성도 착하고 학습 능력도 탁월한 아이였다. 중학교 1학년인데도 학년을 건너뛰어 3학년 반에 배치되어 선배들과 함께 수업을 받았다. 선배들도 그 학생의 남다름을 인정하고 있었다. 그 학생이 쓴 글은 공동체 가족, 학교 선생님, 동료들이 돌려서 읽곤 했다. 자연스럽게 그 학생이 칭찬받는 상황이 자주 발생했다. 조금만 조심하지 않아도 '잘난 체한다'는 말을 듣기 십상이었다. 그래서인지 학교생활 중 튀지 않고 친구 및 선후배와 동화되기 위해 노력하는 모습이 눈에 띌 정도였다. 그 상황 속에서 동급생인 언니들과의 사이에 어려움이 있었나 보다. 그때 정확히 어떤 조언을 해 주었는지는 기억나지 않는다. 다만 며칠 후 그 학생이 쓴 아침 영성 학습 묵상 글에서 그 과정을 잘 극복해 나가는 아이의 내면을 마주할 수 있었다.

"오늘 아침은 뿌연 안개가 산을 뒤덮고 있다. 안개 너머로 비치는 짙은 초록 빛깔, 그 속에 살고 있을 작은 새의 지저귐, 도란도란 이야기하듯 냇물 소리가 들려온다. 깜짝이야! 풀숲에서 튀어나온 벌레가 내 발등에 앉았다. 가만히 보니 자그마한 게 참 귀엽게 생겼다. 포근히 감싸 안듯 병풍처럼 둘러진 산 능선들과 산 밑에서부터 점점 선명하게 다가오는 논밭, 싱그러운 풀 내음이 확 끼친다. 이제 신발 끈을 매고 조금은 떨리고 설레는 마음으로 산, 울창한 숲속으로 한 걸음 한 걸음 걸어간다. 그분을 만나기 위해….

감나무, 살구나무를 지나 논둑을 따라서 걸어갔다. 오르막길을 내디뎠다. 좁은 오솔길 옆으로 산딸기가 열렸다. 산딸기를 따서 손수건에 가득 담았다. 그분과도 같이 먹어야지! 저, 키 큰 미루나무 밑에 나무 의자가 놓여 있다. 자세히 보니 그분이 앉아서 기다리고 계셨다. 어서 오라고 손짓한다.

달려가 보니 빙그레 웃으시며 손을 꼬옥 잡아 주신다. 내 눈을 그윽하게 바라보시며, 마치 모든 것을 아시는 듯이…. 우리는 안개가 걷힐 때까지 도란도란 이야기를 나눈다. 나의 잘못을 일깨워 주시며, 또 사랑, 용서, 인내, 평강, 하늘나라 소망에 대해….

참 축복인 것은, 내 마음속에 하나님의 은혜와 사랑을 맛본 느낌이 간직되어 있다는 것이다. 새벽에 자다 깼을 때 창문을 열고, 바깥 공기를 들이마시며 하나님께 기도하는 그 느낌이란! 그리고 아침 일찍 일어나 성경을 읽고 묵상하는 그 느낌! 하루를 그렇게 시작한 날은 하나님 말씀대로 살려고 노력하게 되고, 마음이 든든해진다.

하지만 아쉽게도 하루를 모두 그렇게 시작하지는 못한다. 그것은 전날의 피로 때문에 잠을 늦게 깨거나, 공해에 찌들어 말씀의 신선함을 느끼지 못하기 때문이다. 그 공해란 바로 나의 연약한 마음이다. 이기적인 마음, 시기, 질투, 게으름이 사랑하는 마음을 막아 버리고, 자꾸만 나로 하여금 교만하게 만든다. 요즘이 바로 그런 때인 것 같다. 최선을 다하기가 힘들고, 하나님 사랑 안에서 다른 사람들을 사랑하기가 힘들어진다. 하마터면 하루를 시작하기 전 그 귀한 아침 시간에 대한 기억마저 잊어버릴 뻔했지만 사랑 이야기의 노래를 들으며 다시 되찾게 되었다.

'어느 날 문득 당신이 찾아온 푸르른 저 숲속에 / 평온하게 쉴 수 있는 곳을 찾아 / 당신이 지나온 이 거리는 언제나 낯설게 느껴 / 그 어디에도 평화 없네 참 평화 없네 / … 당신이 느꼈던 지난날의 슬픔의 기억들을 / 생각하고 잊어버리고 또 생각하네 / 그렇지만 당신의 앞에 펼쳐진 주님의 숲에 / 지친 당신이 찾아온다면 숲은 두 팔을 벌려 / 그렇게도 힘들어했던 당신의 지친 어깨가 / 이젠 쉬도록 편히 쉬도록 여기 주님의 숲에.'

이 노랫말처럼 주님의 숲에서 평안을 얻어야겠다. 그러고선 짜증, 불평은 없애 버리고 감사의 찬양을 드려야지. 그리고 새 힘을 얻어 다른 사람들에게도 '주님의 숲'을 가르쳐 주고 싶다. '사랑 이야기' 2집을 듣고 따라 부르는 동안 상쾌한 삼림욕을 한 기분이다."

찬양을 통해 상쾌한 삼림욕을 한 것 같다는 아이의 글을 읽다 보니 내가 상쾌한 삼림욕을 한 듯했다. 아이와의 대화를 통해서는 마주하기 어려운 내면의 깊은 소리를 들을 수 있었기 때문이다.

글은 자신도 알지 못하는 내면을 비추는 거울과도 같다. 글을 쓰다 보면 나도 알지 못하던 나 자신을 마주하곤 한다. 글은 말로 표현하기 힘든 내면을 담아내는 탁월한 그릇이다. 고민하던 학생도 찬양을 듣고 그 느낌을 글로 표현하는 와중에 자신과 마주할 수 있었을 것이다. 노래 너머 자신의 내면 깊은 곳에 있던 고민과 갈등을 마주한 시간이었다. 그 결과는 절망이 아니었다. 하나님의 은혜를 기억하고 소망하는 자리로 나아감이었다.

메타인지가 생각에 대한 생각이라 했던가. 글쓰기가 주는 선물 중 하나가 바로 메타인지력의 향상이다. 이전과는 다른 시각으로 나를 보고 나의 생각을 생각하게 된다. 그 과정이 지속된다고 생각해 보라. 누가 시켜서 하는 글쓰기가 아닌, 자신이 원해서 한 선택이라면 이 지속성이 가져다주는 변화는 내면의 성숙에 머물지 않는다. 나를 변화시키고, 변화된 존재로 이웃을 사랑하며 하나님의 나라를 세워 가는 존재로 쓰임 받게 된다.

메타인지력을 높여야 한다

목사는 누구보다 메타인지력이 뛰어나야 한다. 메타인지는 '자신을 보는 눈'의 질을 높여 가는 기술이다. 자기 성찰을 가능하게 하는 힘이다. 대다수 사람은 남보다 자신을 잘 알고 있다 생각한다. 실상은 그렇지 못하다. 나를 가장 잘 아는 것도 나지만, 나만큼 나를 알지 못하는 이도 나다. 자신이 가장 잘 아는 것은 '자신의 생각'이다. 자신의 생각만큼은 누구보다 잘 안다. 그런데도 가장 모르는 것이 있다. 바로 자신에 대한 사람들의 생각이다. 자신의 삶에 대한 평가는 소문으로 돌고 돌아 가장 늦게 자신에게 전해져 온다.

목사는 자신이 누구인지 잘 알지 못한 채 살아갈 위험에 노출되어 있다. 목사에 대해 솔직한 마음을 전해 주는 이가 많지 않다. 목사는 말하는 사람이지 듣는 사람이 아니라고 생각하기 때문일까. 목사에게 메타인지력이 더욱 필요한 이유다. 메타인지력이야말로 사명을 감당하기 위해 세워야 할 힘이요, 관리해야 할 능력이다. 참된 변화와 성숙을 위해, 하나님이 주신 비전을 품은 자로 살아가기 위해 오늘의 나를 바로 보는 일은 무엇보다 중요하다. 메타인지력을 높이는 노력이 필요하다. 자신을 관리하는 최선의 노력 중 하나가 메타인지력을 향상하는 것이다.

메타인지를 높이는 1단계는 정보를 받아들이는 것이다. 독서가 많은 도움이 된다. 정보가 많다고, 지식이 더해진다고 메타인지력이 무조건 향상되는 것은 아니다. 하지만 그 가능성을 높여 가는 노력의 일환이다. 모든 정보가 도움이 되는 것도 아니다. 바른 정보여야 한다. 부분적인 지식, 오류인 지식, 편향된 지식은 메타인지력을 세워 가는 데 도리어 방해가 된다. 바른 정보, 온전한 지식을 세워 가는 정보 수용에 관심을 가져야 하는 이유다.

2단계 노력은 정보에 질서를 부여하는 것이다. 사실을 사실로 보기 위해서는 정보 그 자체로 두어서는 안 된다. 논리적으로 사고하며 점검해야 한다. 전제를 살피고 맥락을 이해하며 정보의 바른 의미에 접근하고자 힘써야 한다.

사람은 누구나 일반화의 오류에 빠지기 쉽다. 본능에 가깝다. 일반화의 오류는 우리 삶에 만연해 있다. 최소한의 정보로 최선인 선택, 사실적 판단을 하고 있다고 확신하곤 한다. 일반화의 오류에 빠지지 않는 데 필요한 것이 판단 보류, 생각하고 또 생각하는 습관이다. 판단을 유보하는 것은 무능한 것이 아니다. 신중함을 추구한다며 판단이 필요할 때 자기 의견을 표명하지 않는 것도 잘못이지만, 대부분은 너무 성급히 판단하고 착각에 가까운 확신을 근거로 살아간다.

메타인지력을 높이기 위한 3단계는 기도다. 그리스도인에게 기도가 중요한 이유는 기도가 메타인지의 자리로 이끌기 때문이다. 기도는 말씀 가운데로 나를 이끈다. 세상의 기준이 아닌 하나님의 기준으로 생각하고 바라보게 만든다. 그 과정에서 나를 직면하게 된다. 죄인 된 나를 마주하게 된다. 죄인 되었을 때 나를 불러 의인 삼으신 주님을 마주하게 되는 것도 기도 시간에 주어지는 은혜다.

4단계 노력은 글 쓰는 자리에 앉는 것이다. 목사는 관계를 짓는 사람이다. 나와 하나님의 관계를 짓고, 자신과 성도의 관계를 짓는 사람이다. 그러려면 목사이기 이전에 사람으로서 자신과 관계 짓기에 성공해야 한다. 목사의 글쓰기는 그 목표를 이뤄 가는 데 탁월한 과정의 기술이다. 목사에게는 설교 글쓰기만 필요한 것이 아니다. 자신을 돌아보는 성찰의 글쓰기가 필요하다. 잠깐의 글쓰기여서는 안 된다. 지적 활동을 넘어선 또 다른 형태의 기도 자리다. 지속되어야 한다. 지피지기면 백전백승이라 하지 않는가. 일상이 된 목사의 글쓰기는 자신을 변화시키고 이웃을 사랑하며 하나님 나라를 이루는 손길임을 기억하라.

8

글쓰기는 메타버스의 시대 목회의 핵심 콘텐츠

: 미래 목회

    펜실베이니아대학의 사회학자 샘 리처즈(Sam Richards) 교수는 미국에서 가장 큰 규모의 민족 관계, 인종에 대한 강좌를 운영 중이다. 동양 문화, 그중에서도 한류 문화에 대한 그의 관심은 특별하다. 그가 한 강의에서 BTS를 언급한 이야기가 전해지면서 한국에서도 크게 주목받았다.

    특이한 점은 BTS가 세계적으로 인기를 끌기 수년 전부터 그는 이들을 주목하여 보았다는 것이다. 그는 자신의 강좌에 참여한 세계의 젊은이들에게 BTS에 관심을 가져야 한다고 여러 차례 강조했다. BTS가 미래 남성을 대표하는 트렌드가 되리라는 점을 이유로 들었다. 자신의 재산을 BTS에 투자할 것이라거나 자식이 있다면 런던이나 파리가 아닌 서울로 유학을 보낼 것이라는 그의 말에는 진심이 깃들어 있었다. 왜 그는 한국과 한국 문화에 대해 그토록 긍정적이었던 것일까? 무엇을 보았기에 한국과 그 문화가 미래 사회를 이끌 주역이 되리라 확신했던 것일까?

그의 관심은 단순히 한국 연예인과 그 문화에 대한 관심이나 과거를 근거로 한 찬사만은 아니었다. 역사상 수많은 국가와 문명의 흥망성쇠를 연구하는 사회학자로서 한국을 바라보고 연구한 결과였다. 그는 한국의 이전 영광은 빠르게 이룬 경제 성장을 중심으로 한 것이라 말했다. 그리고 미래 사회는 한국인들이 문화 영역의 소프트 파워를 통해 세계를 주도해 나갈 것이라 강조했다. 그는 한국이 지난 60여 년간 이루어 낸 경제 성장에 찬사를 보냈다. 이전은 물론이요 앞으로도 그런 퍼포먼스를 해낼 나라는 없을 것이라 자신 있게 말했다. 리처즈 교수는 역사를 통해 한국의 과거를 살폈고, 오늘에 주목했다. 다른 이들보다 한국 문화의 특별함에 먼저 주목할 수 있었던 이유다.

변화의 시그널에 주목하라

한국 교회와 목회자들에게 필요한 것은 샘 리처즈 교수의 시대를 바라보는 안목이다. 안목은 거저 주어지는 것이 아니다. 시대가 전하는 메시지에 귀 기울여야 한다. 역사와 문화, 상황을 살피고 분석하며 오늘의 변화 시그널에 주목해야 한다. 세상은 변했는데 목사의 생각과 안목은 그대로인 경우가 많다. 일관성이 아니다. 변화에 발맞추지 못해 소위 '꼰대'가 되어 가는 과정은 아닌지 되돌아보아야 한다. 보는 것이 다르고, 생각이나 느끼는 것도 다르다. 같은 하늘 아래 서로 다른 시대를 살아가고 있다. 소신이라는 이름으로 지켜 온 것들을 살펴보라. 진리를 수호하는 사명 감당인지, 이를 명목으로 익숙한 것들을 포기하는 일에 대한 두려움인지 구분해야 한다.

어쩌면 다가오는 미래 한국 교회는 진리 이외에 모든 것이 변화하는 것을 각오해야 할 수 있다. 이야기 속 변화는 아름답고 달콤하지만, 현실의 변화는 그렇지만은 않다. 아픔을 동반한다. 기억해야 하는 것은 변화되어야 할 때 변하지 않으면 진리가 왜곡될 수 있다는 사실이다.

최근 들어 미래를 이야기하는 자리에서 빠지지 않고 언급되는 키워드가 하나 있다. 바로 '메타버스'(Metaverse)다. 오늘날 교회는 시대의 변화 한가운데 놓였고, 목회자들의 관심은 어느 날 갑자기 등장한 메타버스에 쏠려 있다. 메타버스는 무엇이고, 메타버스의 시대는 어떤 시대인가?

메타버스는 가공, 추상을 의미하는 '메타'(Meta)와 현실 세계를 의미하는 '유니버스'(Universe)의 합성어다. 한마디로, 현실 세계의 연장인 가상 세계를 의미한다. 전에 없던 개념은 아니다. 기술 발전과 함께 우리 삶에 좀 더 가까이 다가와 다양한 영역에서 활용되며 인간 삶의 일부가 되어 가는 새로운 삶의 터전이다. 가상 세계에서 현실 세계와 같은 사회·경제·문화 활동이 이루어지는 세계가 바로 메타버스다. 아바타 기술의 발전, 가상화폐의 출현과 이용 급증 등과 맞물리며 메타버스에 대한 주장이 힘을 얻고 있다.

인터넷이 보급되고 대중화된 1990년대 말과 2000년대 초를 '웹 1.0 시대'라 정의한다. '웹 2.0 시대'는 인터넷을 통한 정보 전달을 넘어 SNS를 기반으로 한 사용자들의 참여와 공유가 핵심인 시대다. 스마트폰이 보급, 확산되고 기술이 진화하면서 웹 2.0 시대는 정점을 찍었다. 많은 이가 메타버스를 '웹 3.0 시대'의 문을 여는 신호탄으로 보고 있다. 블록체인 기술과 다양한 AI기술을 바탕으로 물리적 한계를 뛰어넘는 세상이 펼쳐질 것이라 말한다.

가상 현실, 증강 현실 기술이 발전되면서 메타버스 세계 속 또 다른 삶은 지금까지 있었던 여러 한계를 넘어설 기회를 선물해 주는 듯하다. 많은 이가 이전에 없던 기회를 메타버스를 통해 찾고 구현하며 누리기를 꿈꾸고 있다. 분명한 사실은, 우리가 인정하든 인정하지 않든 메타버스 시대는 도래했고 이러한 변화 앞에 누구도 자유로울 수 없다는 것이다. 세상이 바뀌었음을 인정해야 한다. 지금까지와는 다른 생각이 필요할 때다. 그리스도인으로서 변화의 시그널에 주목해야 한다. 불변의 진리인 말씀 안에 서기 위해 힘쓰되 변화하는 세상에 민감해야 한다. 믿음 안에서 꿈꾸고 바라는 세상을 위해 우리에게 요구되는 변화가 무엇인지 고민하고 갈등하며 기도에 힘쓰는 자가 되어야 한다.

메타버스, 그래서 어쩌라고

여기서 조심해야 할 것은 메타버스 시대를 바라보는 목사의 시각과 자세다. 메타버스 시대의 도래를 인정하는 자세와 대책은 필요하지만 그것에 휘둘리는 태도는 피해야 한다. 메타버스는 단순히 진보한 기술이 아니다. 보이기에 새로운 기술이고 그것을 구현하는 데 다양한 콘텐츠가 활용되겠지만, 핵심은 경계의 무너짐과 연결이다. 1차적으로는 현실 세계와 가상 세계의 경계의 무너짐이고, 2차적으로는 나와 너의 경계, 민족과 민족의 경계, 언어의 경계의 무너짐이다. 나의 영역이 더 넓게 확장된다는 것이다. 다른 이들의 영역이 나의 삶의 현장으로 확장 연결된다는 이야기다.

메타버스에 대해 교회는 기술적 차원으로 접근해 프로그램을 신설하는 방식으로만 대응해서는 안 된다. 시대의 변화를 올바로 보고 해석하며 통찰할 수 있어야 한다. 보이는 메타버스, 세상이 이미지화한 메타버스를 좇아가다가는 지금까지 교회가 해 왔던 실수의 돌무덤 위에 또 하나의 돌을 얹는 것 이상이 아닐 수 있음을 기억해야 한다.

메타버스 시대는 아날로그적 상상이 더욱 요구되는 시대다. 보이는 메타버스의 구현은 신기술의 집합체지만, 그것을 이루는 콘텐츠는 인간의 상상의 산물임을 기억해야 한다. 보이는 아바타 이전에 상상 속 이미지가 있었고, 그것을 기획하는 생각의 조각들, 흩어진 생각을 정리해 가는 문장의 서술이 선행되었다. 사용자 중심의 콘텐츠를 만들기 위한 모든 사전 작업은 여전히 아날로그적인 논리와 레토릭으로 이루어지고 있다는 사실에 주목해야 한다.

목사의 글쓰기는 설교문과 책 쓰기에 머물러서는 안 된다. 다음 세대 그리스도인들의 삶에 글쓰기가 무기가 될 수 있도록 가르쳐야 한다. 메타버스 시대에 아날로그적 글쓰기의 자리가 무엇인지, 글쓰기로 미래를 디자인해 갈 희망을 보여 주어야 한다. 교회는 세상이 디자인한 세계에 휩쓸려 다니기보다 그것을 관통하는 문화의 핵심을 파악하고 문화를 주도해 나가야 한다.

목사가 메타버스 세계를 주도하는 기술 전문가일 필요는 없다. 다만 그 세계를 살아갈 사람들에게 바른 방향을 가리키는 존재가 그리스도인이어야 하며 그 길의 선두에 목사가 서도록 노력해야 할 때다.

오프라인과 온라인이 연결되고 확장되는 시대, 하드웨어와 소프트웨어가 AI알고리즘의 지원으로 세밀하게 연결되고 하나 되는 시대, 인공지능과 인간지능의 경계가 우리의 상상을 넘어서는 시대, 기술과 인문학이 연결되어 상상이 구현되고 이상이 실현되는 시대! 이 시대를 살아가는 그리스도인들에게 우리가 바라고 꿈꾸고 생각해야 할 것이 무엇인지 고민하게 하고, 함께 갈등하며 추구해야 한다. 정답은 아닐지라도 진리 가운데서 해법에 대해 소통하는 자리가 교회가 되도록 목사가 기도하며 노력할 때 메타버스 시대 교회의 희망을 이야기할 수 있다.

9

글쓰기는 목회의 줄기세포
: 목사의 인생 설계

역사는 바이러스의 출몰과 확산으로 고통받던 시대의 이야기를 우리에게 전한다. 14세기 중세 유럽을 공포에 몰아넣은 흑사병이 대표적인 예다. 전 세계 5,000만 명 이상을 죽음으로 이끈 1918년 스페인 독감도 전염성이 강력했다. 100만여 명이 사망한 1968년 홍콩 독감도, 2009년 신종 플루도 모두를 힘들게 했다. 질병은 남녀노소 가리지 않았다. 부유한 이들도 부와 지위를 이용해 더 나은 기회를 제공받으려 노력했겠지만 바이러스의 위협으로부터 벗어나기에는 충분하지 않았다.

2020년 초 우리는 또다시 팬데믹(pandemic) 상황을 맞이해야 했다. 코로나19는 이전의 바이러스와 다른 양상을 띠었다. 하루 생활권이 된

5대양 6대주를 수많은 사람이 오갔고 바이러스는 그들의 이동 경로를 따라 전 세계로 빠르게 확산했다. 잠깐 스쳐 지나가는 전염병이기를 바랐지만, 수년 동안 전 세계는 혼돈의 세월을 보내야 했다. 몸도 마음도 상처를 입었다. 몸의 상처는 병원을 찾아 해결한다고 하지만 마음의 상처, 삶에 스며든 상처는 치유할 길을 찾기 어렵다.

새로운 계절, 앞당겨진 미래

팬데믹 상황에 주어진 고통은 몸과 마음을 피폐하게 한 상처만이 아니다. 경제적인 어려움으로 많은 자영업자가 길거리로 내몰렸다. 위기를 기회 삼아 성장을 이룬 기업들도 있지만, 더 많은 기업이 무너졌고 일자리를 잃은 사람의 수도 늘어만 갔다.

교회도 비껴갈 수 없었다. 아무것도 대비하지 못한 상태에서 팬데믹 상황에 놓인 교회는 속수무책이었다. 앞으로 무엇을 준비해야 할지 해법도 분명하지 않은 채 여러 긴급 처방으로 버텨 온 지난 시간이었다. 교회가 입은 내상, 그리스도인들이 입은 상처도 크지만 앞당겨진 미래가 교회에 가져다 놓을 문제는 지금과는 비교할 수 없는 차원의 난제일 것임은 어렵지 않게 짐작할 수 있다.

믿음도 필요하고 긍정적 사고가 좋다지만, 낙관적인 미래만 그려서는 안 된다. 문제를 외면하거나 회피하지 않고 직시하는 자세가 필요하다. 문제 인식이 올바를 때라야 대책도 강구할 수 있다. 문제 해결을 다른 누군가의 몫으로 돌려서는 안 된다. 머뭇거려서도 안 된다. 우리가 속한 교회, 그리스도인으로서 나 한 사람부터 시작해야 한다. 목사가 감당해야 하는 몫을 고민해야 한다. 주께서 부르시고 세우신 목회자의 사명을 감당하는 데 나에게 주어진 과제가 무엇인지를 살펴야 한다. 기도하며 나아가는 결단이 필요하다.

예측은 불가능하지만 불가피하다

그럼 이제 우리에게 필요한 것은 무엇인가? 교회의 미래, 그리스도인이 살아갈 미래 교회의 상황을 생각해야 한다. 미래를 예측한다는 것은 기대되는 일이다. 성공했을 때의 결과는 매우 달콤하며 인생을 선도해 가는 기회를 부여받는다. 문제는 예측이 어렵다는 것이다. 잘못된 예측과 그 결과는 결코 가볍게 볼 수 없는 고통을 우리에게 안겨 준다.

예측이라는 트랩에 갇혀 고통당하는 일은 우리 주변에서 비일비재하게 일어난다. 어쩌면 불가능한 미래를 예측하기 위해 힘을 쏟기보다는 통제 가능한 오늘을 살피고 현재 문제에 집중하는 편이 더 생산적일 수 있다. 안타까운 사실은, 그래도 예측은 피할 수 없다는 것이다. 우리는 일상에서 항상 예측하며 살아간다. 일의 성공과 실패도, 기쁨과 슬픔도 예측하고 기대한 일들의 결과와 맥을 같이한다.

미래 예측을 피할 수 없다면 우리의 예측은 무엇에 관한 것이어야 하는가? 먼저 방향에 대한 것이어야 한다. 예측해서 시점은 맞힐 수 없지만 방향은 선택할 수 있다. 예측은 정답과 오답 여부를 판단하는 것이 아니다. 위기를 줄이고 가능성을 높이는 지혜의 추구여야 한다. 예측은 미래에 있을 무언가를 선견자처럼 예언하는 것이 아니다. 내가 만들어 갈 미래의 청사진에 가깝다. 숙고한다고 정답이 보장되지는 않지만, 교회에 제기된 문제들을 해결하기 위한 노력, 미래를 준비해 가는 기도와 배우고자 하는 노력만큼은 최선의 노력 그 이상이어야 한다.

목사는 계획이 필요 없었다

어떤 일을 할 때 먼저 해야 하는 일은 전체 상을 파악하는 것이다. 일에 대한 개념을 갖고 그 과정을 파악해야 한다. 자신이 어디에 속해 있는지 알고 어디를 향해 나아갈 것인지 알아 가는 과정이 필요하다. 부분적인 지식을 넘어 바른 지식, 전체 상에 입각해 바라보는 구성 요소적 지식을 바탕으로 다가올 미래를 보아야 한다.

2020년 이후 수년에 걸친 팬데믹 상황에서 많은 교회와 그리스도인이 아파했고 목사들의 일상에도 적지 않은 변화가 일어났다. 코로나 19의 위기 속에서 교인들이 더 경성하여 깨어 기도하며 영적으로, 관계적으로, 경제적으로 더 든든히 세워졌다는 교회들의 소식도 심심치 않게 들는다. 감사한 일이다. 그러나 훨씬 많은 교회가 위기 앞에서 아파해야 했다. 그 결과는 참고 견딜 수 있는 차원을 넘어선 것일 때가 많았다.

대면 예배냐 비대면 예배냐의 문제가 아니었다. 교인들의 이탈, 현실적인 경제적 어려움으로 인해 교회가 문을 닫는 일도 비일비재했다. 목회를 이어 가기 위해 새벽과 심야 배송 일에 뛰어든 목사들의 이야기는 더 이상 놀랍지도 않다. 주중에는 직업인으로 살아가고, 주말과 주일에는 사명자의 본분을 감당하기 위해 기도하며 힘쓰는 분들을 주변에서 어렵지 않게 볼 수 있다.

'이러한 자세가 참 목사의 자세지!' 하다가도 목사의 삶, 사명 감당에 대해 다시 한번 깊은 생각에 잠기곤 한다. 정답 없는 인생이라지만 해답을 찾아가고자 노력하며 기도와 간구를 통해 자기 자리를 찾고 질을 높여 가야 하는 가치 있는 것이 인생이다. 목사의 인생도 그러하다. 목사로서 삶의 자리, 주어진 인생의 시간을 소중히 여기며 세워 가야 한다.

그러나 그리스도인들과 인생 설계에 관해 이야기할 때면 난관에 봉착하곤 한다. 상식적인 이야기로 받아들이는 이들이 많지 않다. 믿음에 의지하지 않고 세속의 염려와 걱정을 한다는 시선으로 바라본다. 가끔 만나게 되는 소수의 인식이 아니다. 절대 다수 그리스도인의 마음에 자리 잡은 주류 분위기라는 사실을 부인하기 힘들다. 그 대상이 목사인 경우에는 더욱 그렇다. 그러한 어려움 속에서도 목사의 인생 설계와 관련해 생각해 보아야 할 한 가지가 있다. 사명 감당의 자리,

역할의 다양성에 관해서다.

  삶을 살아가는 방식은 다양하다. 삶의 모델이라 말할 수 있는 멋진 삶도 있겠지만 그것이 나의 삶일 필요는 없다. 부러워할 수 있지만 부러움은 과정이어야 한다. 나의 삶의 목표를 더욱 견고하게 해 주는 것이어야지, 나를 주눅 들게 하는 비교 대상이어서는 안 된다. 목회도 마찬가지다. 진리는 인생의 정답이지만 목회의 방식에 정답은 있을 수 없다. 사명 감당의 자리도 마찬가지다. 유일한 길이 아닌 다양한 선택지를 두고 고민하며 기도해야 한다.

  지금까지의 목회 현실은 그렇지 못했다. 목사에게 특별한 계획은 필요 없었다. 정답 같은 목회, 벗어나서는 안 되는 목사의 이미지가 존재했다. 획일적이라고 해도 과언이 아닌 어떤 기준에 의해 평가받아야 했다. 수많은 목회 현장에서 목사들은 틀에 찍어 낸 듯한 모습으로 그 자리를 지켜 왔다. 다름을 인정받지 못했다.

  지난 목회 현장, 선배 목사들의 목회가 잘못되었다고 이야기하는 것이 아니다. 나의 이러한 문제 제기도 한국 교회가 지나온 100년 이상의 역사가 있었기에 가능하다. 변화하고 성숙된 생각이 축적되어 왔기에 나올 수 있는 오늘의 견해임을 알고 있다. 부정하자는 것이 아니다. 돌아보자는 것이다. 생각하자는 것이다. 교회를 세워 가기 위해 부르심을 받은 존재로서 목사의 삶을 더욱 그리스도의 몸 된 지체답게 디자인하자는 것이다.

  그러기 위해서는 정해져 있는 듯한 목사의 길 너머 예수 그리스도를 머리로 한 지체가 되어야 한다. 지체는 각기 다른 자리에서 다른 역할을 감당해야 한다. 결코 같을 수 없다. 그래서도 안 된다. 각기 다른 존재요 지체로 설 때라야 건강한 몸을 이룰 수 있다.

오늘의 시대를 설명하는 말 가운데 '부캐의 시대'라는 말이 있다. 게임에서 자주 사용되던 용어다. 자신이 주로 사용하는 본캐릭터(본캐) 이외의 계정, 부캐릭터를 의미하는 말이다. 한마디로 평소의 자신과는 다름을 선보이는 다채로운 이미지다.

내게도 부캐가 있다. 본캐는 누가 뭐라 해도 목사다. 목사가 나의 정체성을 가장 잘 드러내 주는 것이며 스스로 그렇게 믿고 살아왔다. 동시에 작은도서관 관장이자 작가의 삶을 살고 있다. 현시점에서 가장 많은 시간과 에너지를 집중하고 있는 역할이기도 하다.

사람들은 '장대은' 하면 제일 먼저 떠오르는 이미지가 '독서'와 '글쓰기', '기독교 교육'이라고 한다. "목사라면 '전도', '선교', '설교'로 사람들에게 알려져야지" 하는 이들도 있을 것이다. 하지만 서로 다른 이야기가 아니다. 사람들은 내게서 독서와 글쓰기를 제일 먼저 떠올리지만, 얼마 지나지 않아 그 중심을 관통하는 나의 고민과 갈등을 만나게 된다. 그것을 지속하게 하는 것이 신앙인의 고민, 목사의 사명임을 알게 된다. 목사라는 정체성이 나로 하여금 부캐로 살아가는 데 집중할 수 있도록 이끌어 주고 있다.

목사라는 소중한 자리, 하나님이 부르신 소망이 무엇인지를 알기 원한다. 부르심의 자리에서 감사하며 맡겨진 사명을 감당하는 존재가 되기를 원한다. 다른 누구와 비교하기보다 나를 부르신 하나님의 뜻을 바라며 살기를 기도한다. 내 마음에 소원을 두고 살게 하신, 지체로서 삶을 살아가기를 소망한다. 목사는 서로 다른 자리에서 '따로 똑같은' 사명을 감당하는 존재여야 하기 때문이다.

글쓰기로 무엇을 해야 하는가

인생 설계라는 주어진 문제를 목사는 어디서부터 어루만져야 하는가? 나는 글쓰기에서 출발할 것을 제안한다. 지금까지 제기한 문제에 대한 해법으로는 어울리지 않는다고 생각할 수도 있다. 그렇지 않다. 글쓰기만이 해법은 아니겠지만, 이보다 좋은 해법을 찾기란 쉬운 일이 아니다. 글을 쓴다는 것은 그 어떤 것으로도 대체할 수 없는 세밀한 생각의 기회를 제공해 준다.

기독교 신앙 안에서 목사와 평신도의 차이 중 하나가 무엇인가? 성경을 묵상하고 그에 대해 얼만큼 학습하고 연구하며 생각하는지와 그 결과를 어떤 형태의 글로 정리하는가다. 목사의 설교는 선포된 하나님의 말씀이다. 그 말씀을 준비하기 위해 많은 시간 성경을 묵상하고 기도한다. 그리고 오늘의 현실과 연결하기 위해 생각에 생각을 더해 문장으로 서술해 간다. 여기까지는 열심 있는 평신도 큐티를 통해 어느 정도 가능하다.

목사는 여기서 한 걸음 더 나아간다. 쓴 설교 원고를 읽고 또 읽으며 수정, 보완해 간다. 본문의 내용을 설명하기 위해 책을 참조하고 주석을 뒤적인다. 설교는 그렇게 사고의 심화 과정을 거쳐 선포 이전에 문장화되어 준비된다. 그렇게 준비된 설교라야 바른 선포가 가능하다. 그것이 목사가 감당해야 하는 사명의 자리다. 이 자리에서 분명한 차이가 난다. 그 차이는 대단한 결과가 아니다. 목사가 감당해야 하는 초기값에 대한 강조다.

내가 이 책에서 강조하는 것은 '목사의 글쓰기는 여기서 한 걸음 더 나아가야 한다'는 것이다. 설교를 위한 글쓰기를 넘어 세상의 다양한 문제에 대해 생각을 정리할 때도 사용되어야 한다는 것이다. 설교를 준비하듯 우리 앞에 놓인 세상의 문제들에 대해 고민하고 갈등하며 세밀하게 생각해 보라. 그것을 글로 적는 과정이 바로 생각을 가능하게 하는 과정이다.

지금 내가 하는 작업이 무엇인가? 목사로서 글을 쓰고 있다. 목사가 글을 써야 함을 강조하고 있다. 글을 써야 하는 이유와 방법에 대해 책 한 권 분량으로 기조를 유지하며 강조하고 있다. 목사의 인생 설계가 필요하다는 주제로 글을 쓰고, 목사로서 사명을 감당해 가기 위한 인생 설계의 중요성을 강조하고 있다. 무엇이 수단인가? 글쓰기를 통해서다.

목사로서 인생 설계를 위해 먼저 기도로 나아가자. 이 책에 언급되지 않은 다른 많은 노력을 이후로도 성실히 해 나가자. 거기에 한 가지를 더해 보자. 글로 정리하는 일이다. 성경 말씀을 학습하고 연구,

묵상한 내용을 이제까지 했던 준비보다 좀 더 세밀한 사고의 과정을 거쳐 글로 정리해 보자. 지금까지 생각해 본 적 없는 다양한 차원에서 일어나는 세상 문제들에 대한 나의 의견을 제시해 보자. 지금 수준의 생각이 아닌, 공부 과정을 거쳐 잘 정리된 생각을 글로 기록해 보자.

글쓰기는 인생의 줄기세포다

글쓰기는 줄기세포와 같다. 줄기세포는 신체의 모든 조직세포로 분화할 수 있는 능력을 지녔지만 아직 분화하지 않은 세포를 말한다. 글쓰기가 그렇다. 목회자에게 글쓰기는 잘 활용하기만 한다면 문장론, 글짓기 차원을 넘어 하나님의 진리, 복음을 증거하는 진리의 세포로 분화할 수 있는 힘이 있다. 목사의 사역에서도, 개인의 인생에서도 마찬가지다.

본캐로서 목사의 기본 사역을 넘어 하나님이 나에게 허락하신 은사가 있는가? 찬양, 교육, 상담, 교재 개발, 행정 등 어떤 영역이어도 좋다. 그 영역에 지금까지와는 차원이 다른 수준의 글쓰기를 접목해 보자. 다시 강조하지만, 지금까지와는 수준을 달리한 글쓰기에 대한 강조다. 자기 계발을 넘어 목사로서 사명을 감당해 나갈 인생 설계의 좋은 수단이자 도구가 될 것이라 확신한다.

한번 해 보자는 것이 아니다. 지금 이 순간에도 모든 분야의 최고 지도자, 전문가, 스페셜리스트들은 자기 분야에 대해 글을 쓰고 있다.

그 분야를 체계화한 글을 쓰고 책을 출간한다. 자신의 학습과 연구, 과정의 진보를 통해 이룬 업적을 세상과 공유해 가는 과정이다.

미약하나마 나도 이 이야기의 산증인이다. 지금 독자들이 목사의 글쓰기에 관해 생각을 정리하는 데 도움을 받고자 이 책을 선택했고, 지금 이 이야기를 읽고 있지 않은가. 글쓰기에 관해 이런 이야기를 할 수 있는 몇 안 되는 목사임이 분명하다. 자화자찬이 아니다. 목사를 본캐로 한 내가 25년간 집중해 왔던 기독교 교육의 읽기와 쓰기에 대한 고민과 적용 과정이 있었기 때문이다. 나 같은 부족한 존재도 이 작은 영역에서 이렇게 쓰임 받고 있는데, 하나님이 목회자로 부르셔서 준비하게 하신 독자들은 어떠하겠는가. 의심하지 말고 글쓰기를 시작하라. 하나님이 준비하게 하신 지난 시간의 흔적들을 글로 종합해 보라.

영화배우 윌 스미스(Will Smith)가 영화 "인디펜던스 데이"(Independence Day, 1996)가 대흥행한 후 차기작을 모색할 때 일이다. 그에게 외계인을 소재로 한 영화 "맨 인 블랙"(Men in Black, 1997)의 주연 요청이 왔다. 스미스는 거부 의사를 밝혔다. 이전 영화도 외계인 소재였는데 소재가 같은 영화에 또 출연하면 이미지가 굳어질 것 같다는 두려움 때문이었다. 그 말을 전해 들은 총기획자 스티븐 스필버그(Steven Spielberg)가 스미스에게 전화를 걸었다. 스필버그는 그에게 한마디를 던졌고, 스미스는 영화 출연을 결심했다.

"당신 뇌를 믿지 말고 한 번만 나의 뇌를 믿어 봐라."

스필버그를 신뢰했던 스미스의 선택은 사상 최고의 흥행이라는 결과로 이어졌다. 스필버그를 신뢰하지 않았다면 수용할 수 없는 요청이었다. 이 책을 읽는 독자들과 나의 신뢰 관계는 그들과 같지 않다. 다만 가능하다면, 같은 이야기를 전하고 싶다.

"당신의 뇌를 믿지 말고 한번 나의 뇌를 믿어 봐라."

좀 더 자세히 말하자면, 부족한 나의 뇌를 믿으라는 이야기가 아니다. 역사 속 수많은 인물이 강조한 바다. 글쓰기를 목사의 삶을 디자인하는 요소로 받아들여 보라. 다시 강조하지만, 지금까지와는 질을 달리한 노력이어야 한다. 인생을 설계하는 것과 연관된 글쓰기인데 즐거움만 기대해서는 안 된다. 물리적으로 더 많은 시간을 책을 읽고 글 쓰는 시간에 할애해야 한다. 시즌을 준비하며 지옥 훈련을 참아내는 프로 선수들과 같은 연단의 과정을 통과해야 한다. 그 과정을 수년 동안 지속해야 하며, 기대하는 결과가 보이지 않더라도 인내해야 한다. 그 과정을 통해 목사의 준비된 글 쓰는 능력이 하나님이 교회를 통해 준비하신 다른 능력들과 상합해 가며 하나님을 영화롭게 하는 도구로 쓰임 받게 되리라 믿는다.

10

글쓰기는 트리비움 역량을
세우는 과정
: 목사의 사고력

　목사의 글쓰기의 목적, 방향은 분명하다. 목사의 모든 사역이 그러하듯 하나님의 영광을 위한 것이다. 우리 인생이 변함없이 나아갈 방향이요 추구할 바다. 목적은 달성 불가능한 것이다. 바라보고 나아가야 할 인생의 지향점이다. 목적을 기억하고 바라보며 나아가는 것이 중요하다면 그들에게 우선되어야 하는 것은 구체적인 목표와 성취다. 먼저, 목사는 하나님의 말씀을 전하는 설교자로 바로 서야 한다. 성경을 잘 읽고 바르게 해석하는 연구자로 나를 세우기 위한 글쓰기가 필요한 중요 이유 중 하나다. 예수께서 주신 지상명령, 분부하신 모든 말씀을 가르쳐 지키게 하는 사명 감당을 위해서도 글쓰기 역량을 준비하는 것은 매우 중요하다.

이때 중요한 것이 트리비움 역량의 강화다. 목사로서 감당해야 하는 모든 사역을 위해 트리비움 사고 역량의 준비는 빼놓을 수 없다. 이 역량이 준비되지 않고는 앞서 언급한 그 어떤 사명도 제대로 완수해 낼 수 없기 때문이다. 글쓰기를 통해 성취해야 할 중요한 목표 중 하나는 트리비움의 역량, 사고력을 세워 가는 것임을 분명히 할 필요가 있다.

트리비움은 인간 역량의 핵심 기술

'트리비움'(Trivium)은 '세 가지 배움의 길'을 의미하는 라틴어다. 각각 독립된 능력이나 기술이 아니다. 문법, 논리, 수사 등 3학을 통해 정보 수용력, 논리 사고력, 창의 표현력을 세워 가는 통합 사고 프로세스다. 특별한 사람에게만 주어진 능력은 아니다. 인간을 창조하신 하나님의 디자인이다. 살아 숨 쉬는 인간이라면 누구나 활용하는 인간의 기본 역량이다. 하나님이 그 어떤 피조물에게도 허락하지 않으신 것으로, 차원이 다른 이 능력을 인간에게만 허락하셨다. 하나님의 형상으로 창조된 인간에게서만 발견되는, 차이 나는 존재의 역량이라고나 할까.

다만 각 사람마다 트리비움 역량은 천차만별이다. 이 역량이 준비되었는지 여부에 따라 쓰임 받기도 하고, 인정받지 못하기도 한다. 이 역량은 무엇 하나에 열중한다고 단기간에 세워지지 않는다. 분야마다 영향력을 나타내는 사람들의 특징 중 하나는 트리비움 역량을 오래전부터 준비해 왔다는 것이다. 어느 분야도 예외 없다. 자기 분야의 정보를 수용하고 조직화하여 질서를 부여하는 능력이 그들에게는 훈련되어 있다. 차이를 나타내는 결과물을 만들고 증명해 내어 분야의 권위자로 인정받게 되는데, 이 모든 과정을 이루는 핵심 역량도 잘 훈련된 트리비움의 역량이다.

설교자인 목사에게도 트리비움 역량 준비는 필수적이다. 누구나 활용 가능한 수준이어서는 안 된다. 목사의 직임 자체가 공동체 지도자로서 책임을 요구하기 때문이다. 무엇보다 말씀 증거자의 사명을 감당하기 위해서는 성경을 탁월하게 읽어 내는 능력이 필요한데, 이를 위한 기초 능력이요 핵심 역량이 바로 트리비움이다. 성경을 연구하는 데만 필요한 것은 아니다. 다양한 분야의 정보를 수용하고 그것들을 줄 세우고 정리하는 논리적인 역량도 트리비움을 훈련하는 가운데 세워진다.

그렇다면 트리비움 역량을 훈련하기 위해 무엇을 해야 하는가? 여러 가지 활동이 필요하겠지만 글쓰기 훈련은 필수적이다.

반복해도 실패하는 이유

무슨 일이든 처음부터 잘할 수는 없다. 안타까운 것은 많은 사람이 매일 반복적으로 하는 일들 속에서 차이를 만들어 내지 못한다는 사실이다. 과정의 진보를 나타내야 할 때 진보와 성장을 이루지 못하니 목표 성취는 더욱 요원해진다. 다른 누군가의 이야기가 아니다. 우리 목사들에 대한 이야기다.

목사는 설교자다. 매주 4-5회, 많게는 그 이상 설교한다. 설교는 준비 과정을 요구한다. 말씀 묵상을 비롯하여 독서, 글쓰기를 중심으로 학습과 연구를 반복하게 된다. 이처럼 반복과 지속성을 기본으로 할 때 그 자체로 향상되어 가는 트리비움의 역량이 있다. 양이 보장되고 수십 년에 걸쳐 오랜 기간 설교했다면 그 자체가 힘이 되기도 한다. 그러나 그것만으로 사고의 임계점을 넘어서지는 못한다. 어느 정도 수준을 넘어서면 트리비움의 임계점을 넘어서기 위한 좀 더 체계적인 학습과 연구 과정이 필요하다.

목사의 초기값인 설교와 그것을 준비하는 독서, 글쓰기 과정만 바로 진행되어도 목사라는 존재 자체가 교회 내에서는 물론, 세상 속에서 세상을 선도해 가는 존재로 세움 받을 수 있음은 사실이다. 인정받기 위해 한 노력이 아니라 사명을 감당해 나가는 일상이 가져다주는 진보의 결과다.

그러나 실상은 그렇지 못하다. 목사로, 설교자로 사역하면서도 글과 언어를 다루는 숙련된 사고 역량을 기르지 못한 이들이 많다. 목사 개인의 탓으로만 돌릴 수는 없다. 신학교 시절부터 트리비움 역량을 강화하기 위한 배움의 과정은 존재하지 않았다.

공교육을 이야기할 때 반복적으로 지적되는 문제는 교과목 중심으로 정보를 전달하기만 한다는 것이다. 사고 과정을 결여한 채 말이다. 이러한 교육은 7년의 신학 교육 과정에서 그대로 반복되고 있다. 신학의 내용을 전달하는 데 급급하지만 그 일이 그리 성공적이라 보기도 힘들다. 잘 훈련된 트리비움 역량은 고사하고, 신학의 중요한 내용을 가르치고 지켜 행하게 하는 일에도 부족함이 크다.

목회 현장에 투입된 목사들의 일상은 더욱 암울하다. 목사로서 자기 계발을 위해 훈련하는 과정은 사역의 뒷전으로 밀려나기 일쑤다. 준비되지 못한 채 항상 사역의 중심을 지켜야 하는 존재가 되어 버린다. 준비되지 못한 상태로 소모되는 일상을 사는 목사의 사역은 오랜 기간 반복된다 해도 그 가운데 트리비움 역량이 세워지지 않는다. 그 안에서 경험이 쌓이고 현장의 여러 실무 능력이 자랄 수는 있다. 그러나 지금 강조하는 목사의 기본 소양, 성경 교사의 초기값을 높여 가는 트리비움 역량, 사고하는 역량은 목사의 사명을 충분히 감당할 수 있을 만큼 자라기 어려운 실정이다.

신학교와 교회 현장, 가르치는 교수들과 모든 목회자를 향한 비난으로 받아들여서는 안 된다. 트리비움 역량 강화를 중심에 둘 때 드는 생각이요, 우리에게 필요한 것을 파악해 보는 이야기다. 노력이 없는 것이 아님을 알기에 더욱 안타깝다.

한계 기업과 한계 목회, 그리고 목사의 한계

기업 현장에서 '한계 기업'이라 분류되는 기업들이 있다. 시대 변화를 앞서거나 뒤따르지 못하는 기업이 이에 속한다. 구조 조정을 거치면서도 3년 이상 영업 이익으로 대출 이자를 갚지 못하는 기업, 시장 경쟁력을 잃고 도태되는 기업을 한계 기업이라 말한다. 한계 기업을 '좀비 기업'(zombie company)이라고도 하는데, 회생 가능성이 없기 때문이다. 정부와 채권단의 지원을 통해 파산만 겨우 면하고 새 도약의 기미는 발견할 수 없는 기업들이 적지 않다.

단순히 기업만의 이야기라 할 수 있겠는가. 한계 인생을 살고 있는 이들도 적지 않다. 준비되어야 할 시간에 준비되지 못해 수증기처럼 사라지고 한 줌의 재가 되어 버린 인생이 얼마나 많겠는가. 이타적으로 살며 영향력을 끼치지는 못하고 자신의 생존 문제조차 해결하지 못한 채 사라져 간 인생에 대해 생각해 보아야 한다. 그들 중 목사가 속해서는 안 되겠지만, 현실은 그것이 우리의 이야기도 됨을 여실히 보여 주고 있다.

우리에게는 약해도 쓰임 받을 수 있다는 믿음이 있다. 성경의 수많은 인물도 그러한 존재들이었다. 다만 그 약함은 영적 전투 현장에서 자신의 노력을 넘어선 문제 앞에서 몸부림치던 이들에게서 드러난 약함이었다. 직무 유기의 결과로 초래한 한계 상황, 한계 존재를 믿음이라는 이름으로 핑계 삼아서는 안 된다.

글쓰기는 목사의 기본기여야 한다

트리비움 역량이 높아 생각하는 능력이 뛰어나다고 해서 모두 훌륭한 목회자가 되는 것은 아니다. 어떤 목회자들은 책을 많이 읽지 않고 논리적이지 않은 것 같은데도, 세상 말로 성공한 이들이 적지 않다. 그렇다고 마땅히 준비되어야 할 부분의 준비 없이 몇 가지 사례를 보며 자신이 그런 사례가 되기를 바라는 것은 지혜롭지 못하다.

기초 학문이 바로 서야 응용 학문도 발전할 수 있다는 말이 있다. 기초 학문을 이론이라 하여 무시한다면 인간 생활의 실제적인 문제들을 해결하기 위한 응용 학문을 실행할 때 긍정적인 결과를 보기 힘들 것이다. 둘은 상호 보완적이다. 편향적인 몇 가지 판단 기준만 가지고 어느 하나를 등한시하는 것은 예상치 못한 피해를 초래할 수밖에 없다. 대학에서도 기초 학문 분야의 수강 인원이 적어 폐강하는 수업이 적지 않다고 우려하는 목소리가 크다. 그 결과는 대학의 경쟁력 약화로 귀결되고 있음을 우리는 목도하고 있다.

목회라는 실전 사역을 위해서도 준비해야 할 초기값이 있다. 트리비움 역량을 강화하는 것이 바로 대표적인 기초 역량이자 목사로서 준비해야 할 기본기다. 그렇다고 트리비움 역량, 훈련된 사고 역량만이 가장 중요하다고 말하는 것이 아니다. 트리비움의 역량이 준비되었어도 사랑이 없다면, 공동체를 위하는 지체 의식이 없다면, 성도를 돌아보는 긍휼함이 없다면 무슨 쓸모가 있겠는가.

다만 목사의 정체성은 성경 교사의 자리에서 출발해야 하기에 트리비움 역량 강화를 강조하지 않을 수 없다. 목사의 글쓰기를 강조하는 첫 번째 이유도 이 때문이다. 트리비움 사고 역량을 강화하기 위한 최선의 방법이 글쓰기다. 독서도, 다양한 경험도 물론 필요하다. 어느 하나 중요하지 않은 것이 없지만 글쓰기만큼 사고의 역량, 트리비움의 역량을 세워 가는 도구는 찾아볼 수 없다.

글쓰기로 사고력을 세워 가는 일에 힘써야 한다. 그것은 기도 제목이어야 하며 실행을 통해 노력해야 한다. 사고력을 세워 가는 노력이 하나님의 형상을 회복해 가는 신앙의 여정이요, 주님이 맡기신 큰 사명을 감당해 가는 오늘의 작은 일임을 고백한다.

11

글쓰기, 성장의 잠복기를 이겨 내라
: 과정의 진보

　모든 사람은 성공을 추구한다. 예외는 없다. 성공의 기준이 다를 뿐이다. 성공(成功)이란 목표를 이룸이다. 누구나 뜻하는 바를 추구하며 살아간다. 목표 달성, 일의 성공을 위해 힘쓰는 이유는 원하는 바가 성취될 때 주어지는 기쁨이 크기 때문이다.

　성공은 직업과 돈에 국한된 것이 아니다. 삶의 전 영역에 주어진 과제다. 관계의 목표도, 배움의 목표도 성공이다. 건강의 목표도 사람들에게 중요한 과제다. 마음의 건강, 육체의 건강을 위해 수많은 목표를 세우고 노력한다. 직업적인 목표, 신앙적인 목표도 마찬가지다. 그것을 이루기 위해 노력하고 바라고 기도한다. 삶의 큰 성공만 추구하는 것은 아니다. 버킷리스트 같은 가벼운 목표도 삶의 여정 가운데 가득하다. 모든 영역에서 목표가 설정되고 그것이 이루어졌을 때 사람들은 성공했다 말한다.

성공과 성과의 비가시성

문제는 많은 이가 원하는 바를 이루지 못한다는 것이다. 성공적인 삶을 살기보다 스스로 실패한 삶을 살고 있다 여기는 이들이 적지 않다. 원하고 꿈꾸던 삶이 아닌, 주어진 삶을 어쩔 수 없이 살아간다는 이들을 주변에서 많이 만나 볼 수 있다.

왜 누구는 성공하고, 누구는 실패하는가? 중요한 이유 가운데 하나는 성과의 비가시성일 것이다. 성공은 멀고 성과는 보이지 않는다. 과정의 진보, 일의 성과는 보이는 듯 보이지 않고 손에 잡힐 듯 쉽게 잡히지 않는다. 살면서 주어지는 과제는 사지선다형 문제가 아니다. 수학 문제를 풀듯 정확한 답이 나오는 것도 아니다. 일이 진행되는 가운데 변수가 무수하다. 세상은 복잡계고 어떤 상황이 전개될지는 아무도 알 수 없다. 자신이 예측하고 노력하는 것과 상관없이 수많은 외적 요소로 인해 일을 그르치곤 한다. 보이지 않는 성과, 보이지 않는 과정의 진보를 참아 내며 노력을 지속하는 일은 결코 쉬운 일이 아니다. 성공하는 이들이 적은 것도, 일의 성공이 가치 있는 까닭도 아마 이 때문이 아닐까.

성장을 위한 잠복기를 견뎌 내라

목표를 가진 이들은 목표 성취를 위해 전략을 짜고 실행에 옮긴다. 실행했음에도 목표를 성취하지 못하기도 한다. 수많은 좌절의 순간을 직면하게 된다. 무엇이 문제인가? 잘못된 목표인가? 전략에 실수가 있었던 것인가? 실행 과정에서 무엇이 결여된 것인가? 어느 하나만의 문제는 아니겠지만, 대부분의 경우 인내해야 할 때 기다리지 못하기 때문이다.

물론 조급하다고 말하기 힘든 경우도 많다. 정말 최선을 다한 듯 보인다. 할 수 있는 모든 일을 시도해 본 듯하다. 그러나 자문자답해 보아야 한다. 정말 그러한가? 내가 한 최선의 노력이 진정 최선의 노력이었가? 최선을 다한다고 되는 것은 아니다. 방법도, 기술도, 운도 따라 줘야 한다. 성공이란 여러 구성 요소가 하나 될 때 주어지는 결과이지 어느 하나를 잘한다고 얻을 수 있는 결과는 아니다. 그래도 많은 이가 최선을 이야기하고 성실을 말하는 이유는 그것이 초기값이기 때문이다. 우연히 찾아든 성공이 아닌, 결과로 지속되는 성공을 위한 기본 요소이기 때문이다. 최선의 노력은 방법과 기술로 대체 불가능한 성공의 요소다.

글쓰기도 마찬가지다. 글은 누구나 쓸 수 있지만 이 책을 통해 목표하는 글을 쓰려면 시간이 필요하다. 훈련에 가까운 노력이 요구된다. 무엇보다 과정의 진보가 눈에 보이지 않더라도 글쓰기는 지속해야 한다. 진보를 확인하지 못한 채 노력을 지속하는 것만큼 어려운 일은 없다. 이 단계에서는 양의 글쓰기로 승부해야 한다. 시간이 흐를수록 쓴 글의 양, 페이지 수가 늘어 가야 한다. 마음에 들지 않은 글일지라도 쌓여 가는 글을 성과로 여기며 글쓰기를 지속해 가야 한다.

변화가 힘든 이유는 이 과정을 지속하기 힘들기 때문이다. 아는 것과 실천하는 것은 전혀 다른 문제다. 글쓰기의 중요성을 모르는 사람은 없다. 그러나 글쓰기를 지속하는 사람은 많지 않다.

숙련된 자에게도 인내는 요구된다

나는 목사이자 작가로서 활동하고 있다. 적지 않은 책을 출간한 작가지만 여전히 글쓰기는 힘들다. 다만 노력의 결과를 경험했고 결과를 만들어 내는 프로세스를 알기에 작가의 길을 지속해서 걷고 있다. 이제 막 글쓰기를 시작한 이에게 필요한 것이 인내라고 이야기했지만, 숙련자에게 필요한 것도 인내다.

글은 엉덩이로 쓴다는 말이 있다. 책 읽기도 필요하고 삶의 경험을 통한 사색도 필요하지만, 결국 글을 쓰는 것은 자리에 앉아 원고지에 한 글자 한 글자 적어 내려가거나 자판을 두드려 컴퓨터 모니터 화면을 채워 가는 시간을 쌓는 것이다. 시간과의 싸움은 숙련된 작가에게도 요구되는 글쓰기의 기본 요소다. 나는 하루 최소 10시간 이상 자리에 앉아 책을 읽고 글을 쓴다. 이 과정을 경험한 이들이라면 누구나 알겠지만, 힘든 과정인 동시에 마음에 평안과 만족을 가져다주는 창조적인 활동이다.

글이 잘 써지지 않는가? 결과물인 글이 만족스럽지 않은가? 이때 기억해야 한다. 성공 없는 성과는 있어도, 성과 없는 성공은 없다는 사실을 말이다. 성공이 결과라면 성과는 과정의 작은 성취를 요구한다. 오늘 자리에 앉아 한 페이지를 쓰면 된다. 좋은 글, 멋진 문장도 좋지만 과정으로서 나쁜 글, 부족한 글도 허용하라. 지난한 과정을 견디면서 글쓰기를 지속하라. 그 과정을 통해 성장해 가는 자신을 마주하면 된다. 그것으로 충분하다. 이제 필요한 것은 시간과의 싸움이라는 사실을 알면 된다.

12

글쓰기는 영혼의 묵상이다
: 영적 성장

1978년 작가 조세희는 단편 소설 "난장이가 쏘아 올린 작은 공"을 발표했다. 서문에서 작가는 말했다.

"우리 땅이든 남의 땅이든 십구 세기 말에서 이십 세기 중반까지, 간절한 희망들이 파괴되던 시기의 작가, 작품들이 나를 키워 주었었다."

작가를 꿈꾸던 그는 현실의 여러 한계로 인해 그 꿈을 잊고 살아가고 있었다. 그의 표현대로라면 "악이 자선이 되고 희망이 되고 진실이 되고, 또 정의가 되는 시대" 앞에 무릎 꿇었다. 그저 현실 속 주어진 삶을 살아가고 있을 뿐이었다. 그러던 중 '악'이 대놓고 '선'을 가장

하는 시대를 사는, 자기 주변에서 일어나는 많은 일을 지켜봐야 했다. 그간 외면하며 지나쳐 왔던 세상을 다시 보기 시작했다. 이웃 철거민들의 아픔을 외면할 수 없어 그들을 도와 철거반과 대치하는 일상이 반복되면서 자신과 시대를 통찰하는 시간을 갖게 되었다.

아픈 현실 속에서 고민하며 질문했던 생각들을 메모장에 적기 시작했고, 4년의 시간이 지나 12편의 단편을 한 권으로 엮은 책을 출간했다. 그 책이 『난장이가 쏘아 올린 작은 공』(이하 『난쏘공』)이다. 조세희 작가는 "사람이 태어나서 누구나 한 번 피 마르게 아파서 소리 지르는 때가 있는데, 그 진실한 절규를 모은 게 역사요, 그 자신이 너무 아파서 지른 간절하고 피맺힌 절규가 『난쏘공』이었다"고 말했다.

목회는 뫼비우스의 띠와 같다

"뫼비우스의 띠"는 『난쏘공』에 수록된 12편의 단편 소설 중 네 번째 작품이다. 이 작품에는 고3 수학 교사가 학생들에게 들려주는 두 가지 이야기가 실렸다. 수학 교사가 뫼비우스의 띠와 연관된 이야기를 하는데, 첫 번째 이야기는 질문으로 시작된다. "굴뚝 청소를 두 명의 친구가 함께 했는데 한 명은 새까맣고 한 명은 깨끗했다. 누가 얼굴을 씻겠는가?" 아이들은 까만 아이가 씻을 것이라고 말한다. 교사는 더러운 친구의 얼굴을 보고 자신도 더러울 것이라 생각한 깨끗한 아이가 씻었다고 말한다. 더러운 아이는 깨끗한 아이를 보며 자신도 깨끗할 것이라고 생각해 씻지 않았을 것이란 말이다.

교사는 다시 한번 똑같은 질문을 아이들에게 던진다. "두 아이 중 누가 얼굴을 씻겠는가?" 아이들은 교사의 이전 답변처럼 깨끗한 아이가 씻을 것이라 대답한다. 그러자 교사는 답변이 틀렸다고 한다. 아이들이 이유를 묻자 교사는 "두 아이가 함께 굴뚝 청소를 했는데 한 아이는 깨끗하고 한 아이만 더러울 수는 없다"고 답한다. 질문 자체가 틀렸다는 것이다. 『탈무드』에 등장하는 이야기다. 답은 없지만 우리가 생각하게 하는 질문을 품은 이야기가 "뫼비우스의 띠"다.

뫼비우스의 띠는 독일의 수학자이자 천문학자인 아우구스트 페르디난트 뫼비우스(August Ferdinand Möbius)가 발견한 도형이다. 기다란 직사각형 종이를 한 번 비틀어 양쪽 끝을 맞붙였을 때 만들어지는, 안팎의 구분 없는 도형이다. 조세희 작가는 "뫼비우스의 띠"라는 제목에 12편의 『난쏘공』 연작 소설을 관통하는 시대 상황을 담아내려 한 것은 아닐까. '악이 희망이 되고 정의가 되는 시대', '악이 선을 가장하는 시대'에 대한 통찰과 우리가 던져야 하는 질문을 뫼비우스의 띠로 묘사한 듯하다.

뫼비우스의 띠는 두 면인 듯하지만 한 면이다. 면의 경계가 분명한 것 같지만 나눌 수 없는 모호한 상태다. 세상은 선과 악, 천사와 악마, 흑과 백 등 이분법적으로 대상을 바라보고 평가하고자 한다. 뫼비우스의 띠는 논리와는 다른 차원의 세계를 우리가 살아가고 있다고 외치는 듯하다. 인생도 뫼비우스의 띠와 같다. 선한 것 같은데 악하다. 피해자가 가해자가 되고, 힘 있는 가해자는 피해자 행세를 하기도 한다.

목회 현장도 뫼비우스의 띠와 그 의미가 맞닿아 있는 현장이다. 진리를 있는 그대로 선포하는 자리에서 성도들의 현실도 돌아보아야 한다. 진리를 이야기한다지만 선포자인 목사도 연약한 인간이요 불완전한 존재다. 진리를 선포하는 신학자들과 목사들이 의견을 달리한다. 목사는 부족한 생각으로 진리를 해석하고 정의해야 하는 상황에 항상 놓인다. 교회 현장도 마찬가지다. 사랑의 공동체인 교회 가운데 진리 추구와 동시에 시기와 질투, 인간의 욕망과 다툼이 가득하다. 목회란 무엇일까? 뫼비우스 띠 같은 세상을 살아가는 우리와 관계 속에서 끊임없이 고민하고 갈등하며 질문을 던지고 진리를 바라보고 추구해 가는 고민의 과정이 아닐까?

문학의 감성과 설교의 영성

나는 사회과학 서적, 교육 서적을 주로 집필한다. 그러면서도 문학 서적을 출간하는 작가들과 문학책을 좋아하는 독자들을 연구하는 마음으로 문학책을 살펴보곤 한다. 나 자신도 문학책을 읽기는 하지만 1년에 몇 권 보는 정도니, 문학에 대해 안다고 말하기에는 부족하다. 비문학책을 읽으며 새로운 정보를 받아들이고 사고한 것들을 생활에 적용해 가며 변화를 추구하는 즐거움도 적지 않지만, 언젠가는 단편 소설을 한 편 써 보고 싶다는 마음을 품고 살아가고 있다.

아내는 매일 아침 성경을 묵상한 후 책을 읽는데, 문학책을 즐겨 읽는다. 서점에서 베스트셀러 목록만 보아도 상단 순위에 놓인 책의 절반 이상이 문학책이다. 이야기 속 등장인물들 사이의 사건과 사고, 갈등 전개와 문제 해결 과정에 감정을 이입해 가며 느끼는 카타르시스가 적지 않은 듯하다. 『난쏘공』이 오랜 세월 사람들의 사랑을 받을 수 있었던 것도 이 때문일 것이다. 오늘 우리의 삶을 이야기하고, 다른 누군가의 이야기가 아닌 나의 이야기, 우리의 이야기로 여겨지기에 공감할 수 있었을 것이다.

목사의 글쓰기도 문학의 스토리, 비문학의 정보와 많은 영역에서 교집합을 이룬다. 설교를 준비하고 선포하는 목사에게 작가들이 책을 통해 독자들과 교감하는 전 과정은 그리 낯설지 않다. 또 다른 영역에서 대중과 소통하는 그들을 보며 목사로서 인사이트를 얻곤 한다. 우리가 생각해 봐야 할 것은 글과 말을 준비했을 때 의도가 반영되지 않는 순간이다. 누구도 피할 수 없는 순간들로, 우리 삶에서 자주 마주하게 된다.

목사가 마주하는 그 순간을 실패라고 가정해 보자. 목사의 글쓰기, 목사의 설교가 실패하는 이유는 무엇일까? 여러 가지 이유가 있을 것이다. 영성의 부족이라 판단해 기도에 더 힘쓰는 것은 가장 일반적인 처방 중 하나다. 이 부분도 분명 중요하게 관리되어야 한다. 여기서 주목하고자 하는 것은, 그 부분이 준비되었다 하더라도 청중인 성도들과 공감대를 형성하지 못해 맞는 설교 실패이다.

목사로서 항변할 수 있다. "목사는 진리의 말씀을 선포한다. 진리가 선포되는 것 자체가 의미 있기에 설교를 통해 은혜받지 못하고 깨닫지 못하는 것은 설교자의 문제가 아니라 성도의 문제다"라고 말이다. 설교자가 누구든 선포된 것은 인간의 글과 말이 아닌 하나님의 말씀과 진리이니 "아멘"으로 받아들이면 된다고 생각할 수도 있다. 아이러니한 것은, 바로 이런 생각 때문에 목사들의 글과 설교가 실패를 반복하게 된다는 점이다.

다시 생각해 보는 설교 실패

크게 두 가지 이유를 들 수 있다. 첫째, 목사가 갖는 진리에 대한 자부심 때문이다. 자신이 다루고 있는 것이 '진리'라는 것에만 몰입한다. 설교는 인간적인 강의가 아닌 영적인 그 무엇이라 생각한다. 그것은 확신을 넘어 믿음에 속하는 신념이다. 신앙인이자 사역자로서 지닌 순수한 마음이다.

설교의 특별함에 이의를 제기하지는 않겠다. 다만 잊지 말아야 하는 것은 성경 말씀이 진리이지 목사 자신이 진리의 주체는 아니라는 점이다. 온전한 진리의 말씀이라 해도 부족한 존재인 목사를 통해 다루어질 때 얼마든지 왜곡될 수 있다. 이 전제를 생각하지 않고 진리 선포만으로 충분하다고 생각할 때 두 번째 문제 앞에 서게 된다.

둘째, 성도에 대한 몰이해다. 선포되는 것은 진리지만 선포도 청중인 성도들을 배려한 것이어야 한다. 그들의 수준과 상태, 초기값은 모두 다르기 때문이다. 진리 선포일지라도 서로 다른 초기값을 전제한 상태에서 준비되고 선포되어야 한다. '듣든지 아니 듣든지 나는 전한다'는 태도는 오늘 우리의 상황에 던질 이야기가 아니다. 예수께서도 우리를 위해 인간의 몸을 입고 성육신하셨다. 우리가 전하는 것이 하나님의 말씀, 진리일지라도 목사에 의해 준비되는 글과 선포되는 설교는 성육신의 과정을 거쳐야 한다.

문학 작품과 설교를 하나의 기준으로 판단할 수는 없을 것이다. 문학의 목표와 설교의 목표가 다르기 때문이다. 감성적 교감과 영성의 세움은 한 인간 안에서 이루어지지만 서로 다른 변화의 영역에 속한 것이기도 하다. 다만 문학과 설교를 비교해 살펴보고자 하는 이유는, 세상에서는 상식으로 통용되는 그 무엇이 교회 문화에는, 목사와 그리스도인의 삶에는 결여되어 있지는 않은지 살펴보자는 것이다. 말씀을 맡은 자로서 두렵고 떨리는 일이다! 이 과정을 통해 문학적 감성과는 또 다른 설교의 영성이 그리스도인의 삶에, 교회 공동체 안에 든든히 세워지게 된다면 감사할 뿐이다.

글쓰기로 고민의 질을 높여 가라

묵상이란 생각과 깨달음의 질을 높여 가는 신앙인의 소리 없는 몸부림이다. 이미 주어진 진리와 아직 온전하지 못한 인생길을 걷는, 부족한 삶의 간극을 좁혀 가는 발버둥이다. 목사의 묵상은 보이는 것들에 대한 묵상을 넘어서야 한다. 보이지 않는 것, 보이지 않던 것들을 바라보는 과정이어야 한다. 조세희 작가의 『난쏘공』은 그런 과정을 거쳐 완성되었다. 현실에 대한 고민의 질을 높여 가는 노력의 산물이었다.

말씀의 묵상, 진리의 묵상도 마찬가지다. 아니, 그 이상이어야 한다. 성경을 읽고 묵상하는 영적 사고 과정이 단순히 학습 차원에 머물러서는 안 된다. 하나님-세계-인간에 대한 고민의 과정이어야 한다. 영성이란 추상이 아니다. 믿음 안에서 바라보는 실상이다. 예수님의 성육신 자체가 영성을 나타내며, 그분이 3년간 공생애를 통해 보이신 삶이 성경이 말하는 영성이다.

목사의 글쓰기는 멋진 문장을 쓰는 과정 이상이어야 한다. 성경 속 하나님의 뜻을 나타내는 과정이어야 한다. 훈련된 지성을 세워 가는 과정인 동시에 영성을 세워 가는 기도 자리여야 한다. 목사의 글쓰기는 현실을 살아가는 성도들의 고민과 갈등, 세상 속 그리스도인의 삶에 대해 질 높게 고민의 흔적을 담아내는 영적 노동이어야 한다.

예수께서 이 땅의 영혼들을 사랑하셔서 자기 목숨을 내어 주신 영성을 목사의 글 속에 완전히 담아내기란 불가능하다. 다만 방향은 바로 그쪽이어야 한다. 고민하고 갈등하고 기도하며 삶의 결단이 스민 글쓰기와 설교로 나아가야 한다. 그 마음이 하나님의 마음을 시원하게 해 드리는 기도가 될 때 하나님은 글쓰기의 결과물을 세상이 줄 수 없는 평안을 주는, 축복의 도구로 삼으실 것이다. 목사로서 지닌 믿음이요 기도 중에 바라는 소망이다.

3부

일상 글쓰기, 이렇게 시작하라!

6가지 일상 글쓰기 스트레칭

13

생각을 말하다
: 생각을 훈련하는 브레인스토밍 글쓰기

나는 유튜버다

2019년 말 당시 17세인 딸이 폴란드로 독립 여행을 떠났다. 짧지만은 않은 3개월간의 여행이었다. 경비도 스스로 마련했다. 홈스쿨링을 하며 1년 반 동안 아르바이트로 모은 돈을 가지고 떠난 여행이었다. 여행을 "호아의 독립 여행"이라 불렀다. 3개월 동안 부모의 도움 없이 먼 타국 땅에서 생존해야 했다. 부모에게 의존했던 일들을 이제는 스스로 처리해야 했다. 부모로서 걱정되었지만 여행에 대한 두려움보다는 기대감 속에 있는 딸을 보며 마음을 다잡을 수 있었다.
떨어져 있는 3개월 동안 아빠로서 무엇을 해 줄 수 있을지 생각해 보았다. 고민 끝에 딸에게 이틀에 한 편씩 유튜브 영상 편지를 보내기로 했다. 딸의 동기를 유지하고, 인생의 다양한 주제에 대해 아빠가 생각한 것들을 나눌 기회로 삼기로 했다. 영상 편지는 원고 없이 녹화했다. 주제를 정하고 영상에 담을 내용의 얼개를 머릿속에 그리거나 종이에 키워드만 정리했다. 편집 없이 촬영한 영상 그대로를 업로드했다. 영상 한 편당 8-15분 정도였다. 폴란드에 있는 딸은 영상 편지를 보고 에세이 답장을 보내왔다.

평생 편지라고는 써 본 적이 없었다. 아내와의 연애 시절 쓴 편지는 두 통이 전부였다. 꾸준히 영상 편지를 보낸다는 것이 쉽지만은 않았다. 딸의 90일 여행 기간 중 총 40편의 영상 편지를 보냈다.

유튜브를 영상 편지의 통로로 선택한 것은 두 가지 이유였다. 첫째, 지속하기 위한 환경 설정이다. 아빠와 딸 둘만의 약속이 아닌 공공의 약속으로 선포해 지속해 갈 힘을 얻기 위해서였다. 적은 수지만 주변 지인들이 함께 지켜보는 것은 영상 편지를 이어 가게 하는 좋은 환경이 되어 주었다. 둘째, 딸을 향한 메시지를 넘어 지인들의 부모와 자녀들에게도 도움이 되기를 바라서였다. 구독자를 모아 널리 퍼뜨리겠다는 마음보다는 가까운 지인, 가치관을 공유한 몇몇 사람과 생각을 나눈다는 마음이었기에 영상 편지를 이어 갈 수 있었다.

3개월간 영상 편지를 쓰니 딸과 소통한 것에 버금가는 뜻밖의 수확도 있었다. 유튜브를 통한 대중과의 소통이다. 동시에 내 생각을 영상에 담아 업로드하는 과정은 생각을 정리하고 레토릭을 훈련하는 좋은 기회가 되어 주었다. 업로드된 영상은 내가 잠자는 시간에도 열심히 일을 했다. 녹화와 편집에 많은 시간을 투자하지 않았다. 지속성을 위해 부담 없이 진행했다. 기존에 갖고 있던 생각, 떠오른 생각을 표현하는 브레인스토밍 시간으로 생각했기에 큰 부담 없이 지속할 수 있었다.

나는 말로 글을 쓴다

2019년 유튜브 영상 편지를 계기로, 책을 집필할 때 초고를 말로 쓰는 습관이 자리 잡았다. 방법은 간단하다. 영상 편지를 보낼 때처럼 주제가 정해지면 핵심 키워드와 연관 키워드 몇 가지를 머릿속에 떠올린다. 유튜브가 영상 녹화를 통한 브레인스토밍이었다면, 말로 쓰는 초고는 스마트폰 녹음 애플리케이션을 활용한 브레인스토밍 사고 훈련 시간이다. 비용도 들지 않는다. 무료 애플리케이션을 다운받거나 스마트폰의 기본 기능을 활용하면 된다. 한 문장씩 생각나는 대로 천천히 이야기하면 녹음과 동시에 텍스트로 변환이 된다. 음성 인식 기술이 많이 개선되었기에 큰 어려움은 없다. 발음만 바르게 하면 내용의 90% 이상이 정확히 타이핑된다.

말로 하는 글쓰기는 생각 훈련을 위한 좋은 방법 중 하나다. 머뭇거릴 틈이 없다. 몇 초간 말을 하지 않으면 녹음 및 텍스트 변환 기능이 꺼지기 때문이다. 생각하며 글을 써야 하는 일반 글쓰기와는 다른 상황에서 진행된다. 종이에 쓰는 글이라면 머뭇거리며 생각하는 시간을 가져도 된다. 생각하는 시간을 충분히 갖고 글을 써 나가도 된다. 그래야 한다. 깊이 생각할 시간을 갖는 것이 글쓰기를 통해 추구하는 목표 중 하나이기 때문이다.

다만 생각하며 글을 쓴다는 명목으로 잠시 주춤하다가 '잠시'가 아닌 '영원한 멈춤'이 되어 버리는 경우가 많다는 사실에 주목했다. 그래서 말로 쓰는 글은 일상의 글쓰기와 다른 목표를 설정했다. 주어진 시간에 어떤 말이라도 생각나는 대로 던지는 것이다. 꼬리에 꼬리를 무는 말로 이야기를 전개하는 것을 원칙으로 정했다. 때로는 억지스러운 생각이라도 말해 쉬지 않고 생각을 던졌다. 논리도 부족하고 정보도 확실하지 않은 경우가 비일비재하다.

이후 텍스트로 변환된, 말로 쓴 글을 보면 많은 부분 삭제되거나 수정이 요구되는 불완전한 문장들로 가득하다. 그렇다고 그 글이 모두 쓸데없는 문장만은 아니다. 수정 없이 쓸 수 있는 문장도 꽤 된다. '내가 어떻게 이런 생각을 했지?' 싶은 문장들도 적지 않다. 그대로 사용할 수 없는 문장이라도 좋은 글감이 될 만한 것들이 가득 담겨 있다. 깊이 생각하며 종이 위에 썼다면 만날 수 없었을 수많은 키워드와 문장은 말로 쓴 초고가 주는 선물이다.

말로 쓰는 글의 핵심은 브레인스토밍에 있다. 생각한다는 이유로 생각을 중단하는 실수를 피하기 위한 노력의 일환이다. 생각나는 것을 있는 그대로 표현하는 것은 배움의 과정에서 갖춰야 할 사고 훈련의 기본기 중 하나다. 자신의 기존 지식을 점검하는 기회요, 아는 지식에 질서를 부여하는 논리와 레토릭 훈련에 매우 도움이 된다. 브레인스토밍을 훈련할 때 반드시 대상이 있어야 할 필요는 없다. 스마트폰을 활용해 혼자만의 브레인스토밍을 즐겨 보라. 생각지도 못한 사고의 결과, 트리비움의 진보를 경험하게 될 것이다.

세상아! 내 말 좀 들어 봐!

다음 내용은 앞서 설명한 말로 쓰는 글쓰기의 결과물 중 하나다. 정리된 글이 아니다. 온라인 플랫폼 카카오톡 글쓰기 창의 음성 텍스트 변환 기능을 이용해 기록한 내용을 그대로 옮겼다. 음성 텍스트 변환 이전에 머릿속에 떠올린 키워드는 "세상아! 내 말 좀 들어 봐!"였다. 브레인스토밍으로 자기 생각을 마음껏 표현해 보라는 차원에서 '무엇을 이야기할까?', '무엇을 표현할 수 있는가?'를 주제로 브레인스토밍해 보았다.

"내가 살고 있는 세상을 이야기하라. 나를 둘러싼 주변을 이야기하라. 나에게 영향을 미치는 힘 있는 자들에 대해 이야기하라. 무엇이 좋고 나쁜지를 이야기하라. 가만히 있지 말아라. 무엇에 대해 글을 쓸 것인가? 내가 원하는 세상에 대하여 글을 쓰라. 어떤 나라가 되기를 원하는가? 어떤 지도자가 우리 공동체의 지도자가 되기를 원하는가? 무엇이 옳은 일이며 잘못된 것이 무엇인지에 대한 너의 생각을 이야기해라. 때로는 두려움 없이 나의 생각을 전할 용기가 필요하다. 글은 영향을 미치겠다는 것이다. 세상에 당신의 영향력을 나타내라. 나의 의견은 이것이다 확실히 주장하라. 말하지 않으면 당신의 생각을 알 길이 없다. 의결권을 가진 자들이 자기 마음대로 세상을 주무르도록 내버려 두지 말아라. 나의 의견을 분명히 하라. 내가 사는 세상에 나의 영향력을 행사할 때는 튀어도 좋다. 그러한 튀는 행동이 필요할 때가 있다. 나를 경직되게 하는 제도에 짓눌려 있을 수도 있다. 벗어 버려야 한다. 글을 통해 소통하라. SNS 시대의 무엇이 두려운가? 이제는 누구나 이야기할 수 있다."

음성 텍스트 변환 기능이 정지되지 않도록 1-2초도 여유를 주지 않고 생각나는 '아무것'이나 표현해 본 것이다. 이 글은 정돈된 글이라 할 수 없다. 생각의 나열, 정돈되지 않은 표현이 가득하다. 급하게 말하다 보면 맥락 없는 글, 오해받을 수 있는 내용이 표현될 수 있다. 다시 말하지만, 말하기와 글쓰기가 익숙지 않은 이들을 위한 생각 훈련 방식 중 하나로 제시한 것일 뿐이다. 위 예는 맞춰진 퍼즐 조각이 아닌 흩어진 퍼즐 조각으로 보면 된다.

글쓰기가 두려운가? 깊이 사고하며 글을 쓰기 전에, 가볍게 사고하며 말로 먼저 표현해 보라. 트리비움 역량, 사고 역량을 훈련해 가는 매우 유용한 훈련 중 하나다. 다시 강조하지만, 의외로 멋진 생각이 나의 표현 속에 가득하다는 사실을 깨닫게 될 것이다. 결과물이 아닌 원석인 나의 생각들을 브레인스토밍 훈련, 말로 하는 글쓰기로 채굴해 보라. 지금 당장 시작하면 좋다. 누구나 할 수 있는 쉬운 방법이다.

펌핑 글쓰기

브레인스토밍 글쓰기 중 또 다른 하나는 '펌핑 글쓰기'다. 생각이 나지 않거나 생각거리를 찾을 때 쓰는 방법이다. 마중물 한 바가지를 부어 넣고 지하수를 퍼 올리기 위한 펌프질과 유사하다 싶어 붙인 이름이다. 생각이 잘 나지 않을 때는 생각하려고 집중하지 않는다. 생각이 나지 않는 데는 여러 요인이 있겠지만, 생각의 소스(source) 부족이 가장 큰 이유다. 생각의 소스를 제공해 주면 생각은 나게 되어 있다.

요즘 가장 많이 활용하는 생각의 펌핑 도구는 유튜브 영상이다. 방법은 간단하다. 즐겨찾기로 구독해 놓은 유튜브 채널을 방문해 마음에 드는 제목의 영상을 클릭한다. 연예계 이야기나 잡담류가 아닌, 전문 분야에 속한 사람들의 강의나 토크 중심의 채널을 자주 방문한다. 쓰려고 하는 주제와 크게 연관이 없어도 상관없다. 그런 채널을 통해 생각의 소스를 얻는 것은 가끔이 아니라 매우 빈번하게 발생하는 펌핑 글쓰기의 선물이다.

> **생각의 마중물을 제공받는 '유튜브 채널' 즐겨 찾기 목록**
>
> 조던 피터슨의 한국 공식 채널, 셜록 현준, 바이브컴퍼니 송길영 부사장의 영상들, 일당백의 정승민 교수, 최준영 박사의 지구본연구소, 프로젝트 스노우볼, 지식을 말하다, 세바시, TED, EBS Documentary, 그랜드 마스터 클래스, Sellev, 최강1교시, 플라톤 아카데미TV, 5분 뚝딱 철학, 직업의 모든 것, 과학쿠키[Science Cookie], 내셔널지오그래픽 Korea, 1분 과학, 국립생태원, 미래채널, 알기 쉬운 클래식 사전, 소개해 주는 남자, 별별스포츠, 파이아키아, 10분의 문학, 문학동네, 조승연의 탐구생활, 다양한 경제 유튜브 채널 등

유튜브 영상을 활용한 펌핑 글쓰기의 목표는 분명하다. 글쓰기에 필요한 재료를 구하는 것이다. 하나의 영상을 멈추지 않고 보는 경우는 거의 없다. 10분 영상을 보는 동안 수없이 '잠시 멈춤' 아이콘을 누른다. 그들의 이야기를 듣다 보면 생각지도 못한 키워드가 내 머리를 강타하기 때문이다. 현재 내 관심사와 전혀 관계없는 주제를 다루는 영상에서도 많은 인사이트를 얻는다.

기존의 내 지식과 유튜브를 통해 수용한 전혀 다른 분야의 색다른 키워드가 연결되는 순간, 이전에 하지 못한 생각이 떠오른다. 생각의 주체는 나지만 내가 한 생각이 아니다. 수용한 정보와 기존 정보가 연결되는 과정에서 자연스럽게 생각의 조각, 새로운 아이디어가 나타난다. 사고의 펌핑 과정을 거쳐 깊은 내면의 어떤 생각들이 용솟음친다. 이때 중요한 것은 생각난 아이디어를 기록으로 남기는 것이다. 이것

이 펌핑 글쓰기다. 유튜브 채널의 정보 그대로가 아니라, 생각난 아이디어에 자신의 논리를 더하며 문장을 정리해 가는 과정이 펌핑 글쓰기의 핵심이다.

브레인이 스토밍하게 하라

생각이 잘 나지 않는가? 그때는 생각하지 말고 새로운 키워드를 찾기 위해 노력하라. 생각이 나지 않는 것은 마중물 역할을 할 키워드가 사라졌음을 의미한다. 생각의 마중물로 물꼬가 트였다면 생각의 펌프질에 집중해 보라. 그 순간 브레인(brain)에서 진정한 스토밍(storming)이 진행된다. 우리의 두뇌가 생각을 마치 폭풍처럼 쏟아 낸다. 이전이라면 하지 못했을 생각들이 넘쳐 난다. 그 생각의 조각들을 계기로 다시 자신의 생각을 정리해 가면 된다. 생각은 그렇게 탄생하고 정리된다. 그 과정을 통해 우리의 표현력은 자라고 문장력도 세워진다.

'지금 당장 시작하라.' 글쓰기에 이것만큼 좋은 말은 없다. 시작함 없이 글을 잘 쓸 수는 없다. 성공자의 결심은 훈련으로 이어진다. 실패자의 결심은 결심으로 끝나는 경우가 대부분이다. 결심했다면 지금 당장 실행에 옮기라. 그 선택이 글쓰기에 성공하기 위한 첫걸음임을 믿으라.

어떤 일은 계획적으로 준비한 후 시작해야 한다. 하지만 글쓰기는 거기에 속하지 않는다. 글을 쓰다가 부족함을 느끼는 순간이 발전의 기회다. 글을 쓰다가 채워야 할 빈 공간을 만났을 때, 그때 뒤돌아보아도 늦지 않은 것이 글쓰기다. 글은 쓰면 쓸수록 향상된다. 글을 쓰면 쓸수록 생각이 단련된다. 글은 쓰는 과정을 통해서만 그 능력이 향상된다는 사실을 기억하라. 잘 쓰려는 욕심을 버리라. 당신에게는 정리되지 않은 글을 쓸 권리가 있다.

처음부터 기준을 높게 잡지 말라. 그저 빈 공간을 채우면 된다. 글에 대한 부담은 누가 안겨 준 것이 아니라 내가 짊어진 것이다. 그 부담을 벗어던지라. 지금 당장 글쓰기를 시작하라. 초고의 부족함은 천천히 고쳐 가면 된다. 그 여정에 말로 쓰는 글, 펌핑 글쓰기가 좋은 동반자가 되어 줄 것이다.

14

정보를 더하다
: 흘러가는 정보를 저장하는 메모 글쓰기

    창의적인 생각은 누구에게나 찾아든다. 생각을 붙잡아 두는 이들이 적을 뿐이다. 좋은 생각은 '하는' 것이 아니라 '나는' 것이다. 생각하려고 노력할 때는 나지 않던 생각이 아무런 생각 없이 일상을 살 때 찾아오곤 한다. 안타까운 것은, 그런 생각은 아침 안개처럼 순식간에 사라진다는 것이다. 시간이 지나 아무리 떠올리려 해도 생각나지 않는다. 그때의 답답함은 누구나 경험해 보았을 것이다. 어떻게 해야 할까? 간단한 메모를 남기는 일부터 시작하면 된다.

기억의 심폐소생술

메모는 잊혀 가는 아이디어를 종이 위에 살려 놓는 지혜다. 종이 위의 기억이다. 메모의 중요성을 아는 사람은 많지만 메모를 활용하는 이들은 그리 많지 않다. 머리로만 알고 직접 체험해서 그 중요성을 깨닫지 못했기 때문이다. 메모를 실행해 보라. 지속해 보라. 메모 습관 하나로 당신의 글쓰기가 얼마나 바뀔 수 있는지 알게 된다면 메모하지 않은 지난 시간이 후회스러울 것이다(이 책에 쓰인 많은 키워드 문장은 책을 구상하기 1-2년 전에 한 생각들이다. 그 생각들은 메모 수첩에, 카카오톡 글쓰기를 통해, 컴퓨터 폴더의 '생각 창고'에 쌓여 있었다. 어떤 문장은 바로 얼마 전에 떠오른 아이디어고, 어떤 문장은 10여 년 전 메모해 둔 묵은 문장이다).

메모의 비법은 단순하다. 생각날 때 바로 적는 것이다. 메모할 때 지켜야 할 유일한 지침은 '잠시 후'의 유혹을 이겨 내는 것이다. 메모가 필요한 이유는 기억이 우리 편이 아니기 때문이다. 기억은 자주 우리를 배신한다. 기억이 나지 않거나 왜곡되는 일이 빈번하다. 한 복사기 업체의 카피가 광고계를 뒤흔든 적이 있다. "기록이 기억을 지배한다." 간단하면서도 강력한 문구다. 그리고 부인할 수 없는 사실이다.

메모는 모든 내용을 기록해 놓는 작업이 아니다. 핵심 키워드 몇 개, 중요한 문장 몇 줄이면 된다. 메모한 어휘, 문장은 기억의 마중물이 되어 준다. 당시의 느낌과 생각을 복원해 준다. 웹페이지에 걸린 배너 링크 같다고나 할까. 메모한 어휘와 문장을 읽는 순간, 수많은 장면과 내용이 기억 속에서 되살아난다. 메모는 죽어 가는 아이디어를 살려

내는 생각의 심폐소생술이다.

스릴러 영화를 이야기할 때면 빠지지 않고 언급되는 영화가 있다. "미저리"(Misery, 1990)다. '영감의 작가'로 유명한 소설가 스티븐 킹(Stephen King)의 작품을 영화화한 것이다. 소설의 주인공은 베스트셀러 작가 폴이다. 그는 '미저리'라는 이름의 주인공을 등장시킨 시리즈 소설을 쓰는데, 주인공 미저리의 죽음으로 시리즈가 마무리된다. 소설은 출간되자 많은 이에게 큰 호응을 얻는다. 그러던 어느 날 폴은 눈보라 속을 운전해 가다가 사고를 당해 중상을 입는다. 그리고 근처를 지나던 간호사 출신의 애니라는 사람에게 구출된다. 그녀는 폴의 광팬이었고, 그를 정성껏 간호한다.

시리즈의 주인공 미저리에 심취해 있던 애니는 미저리가 죽는다는 사실을 알게 된 다음부터 폴에게 주인공을 살려 낼 것을 요구한다. 정도가 심해 편집증적인 모습을 보이기도 한다. 급기야 부상으로 꼼짝할 수 없는 폴을 폭행하기 시작하더니 그를 죽이려는 시도까지 한다. 좁은 집을 무대로 벌어지는 이야기임에도 긴장의 끈을 놓지 못하게 한 이 소설은 영화로도 잘 표현되어 많은 이의 사랑을 받았다.

스티븐 킹은 비행기 안에서 잠들었다가 꾼 꿈에서 『미저리』의 아이디어를 얻었다고 한다. 꿈속에서 한 여성 비행기 테러범을 만났는데, 그녀가 어느 작가를 인질로 잡고 죽였다. 테러범은 죽은 작가의 피부를 책의 재료로 삼았다. 스티븐 킹은 순간 잠에서 깼고, 당장 메모할 종이가 없어 식사 시간에 나눠 준 냅킨에 중요 기억을 기록으로 남겼다. 꿈속 아이디어를 모티브로 소설 『미저리』가 완성되었고, 영화화되어 크게 히트를 쳤다. 그 메모가 없었다면 『미저리』는 세상에 빛을 보지 못했을지 모른다.

창의적인 생각은 내가 고안한 생각이 아니라 저절로 든 생각일 때가 많다. 독서로 생각의 샘을 더 깊고 넓게 파야 할 분명한 이유다. 평생 노력하면 몇백 권, 몇천 권의 책을 읽을 수 있다. 조금 더 노력한다면 몇만 권의 책의 목차와 수십만 권의 책 제목을 살펴볼 수 있을 것이다. 유튜브를 활용해 생각의 우물에서 샘물을 길어 올리는 시도도 두려워하지 말아야 한다. 그 과정에서 메모는 스쳐 지나가는 생각을 나의 것으로 붙잡아 두는 역할을 한다.

기억하라. 메모는 최고의 마중물이다. 생각의 샘물을 긷는 데 마중물 생각이 필요한데, 메모가 바로 그것이다. 그 마중물은 우리가 생각하지 않아도 생각나게 하는 힘이 있다.

생각에도 기술이 있다. 생각을 확장해 가는 사고의 방법도 존재한다. 기억의 심폐소생술인 메모를 활용해 보라. 당신도 변화를 이끄는 생각을 매일같이 해내는 창조적인 사람이 될 수 있다. 다음으로 미루지 말라. 매우 간단한 일이다. 지금 바로 시작할 수 있을 정도로 말이다. 메모가 기억의 심폐소생술임을 잊지 말자. 이 말을 책의 문구로만 남겨 놓지 말고, 자신의 언어로 지금 메모해 보자.

질을 높여 가는 메모의 세 가지 기술

첫째, 메모는 '아카이빙'(archiving)하는 것이다. 아카이빙은 자료를 보관하는 행위를 의미한다. 필요한 때가 이르도록 정보와 생각의 흔적은 축적되어야 한다. 메모는 당장의 글쓰기보다 이후를 기약하는 약속이다. 기약 있는 축적의 글쓰기가 메모다. 그러나 쌓아 놓기만 해서는 안 되고, 분류되고 관리되어야 한다.

분야별, 주제별, 키워드별로 관리하라. 스쳐 지나가면 다시는 나에게 오지 않을 수 있는 생각을 붙잡아 생각의 마중물로 삼아라. 그 흔적을 기록으로 남기며 축적해 가라. 내 삶의 싱크 탱크(Think Tank)는 다른 곳에 있지 않다. 정보의 아카이브, 축적되어 가는 생각의 흔적이 나의 싱크 탱크요 싱크 뱅크(Think Bank)가 되어 줄 것이다.

둘째, 메모는 베껴 쓰기가 아닌 창조적인 생각의 기록이다. 경쟁력 있는 메모는 베껴 쓰기가 아니다. 생각의 기록일 때 의미가 있다. 차이를 만드는 생각의 조각이다. 물론 시작은 베껴 쓰기여도 좋다. 좋은 정보를 축적하는 것도 공부 과정에서 중요하다. 정보력을 향상하는 일은 사고력 향상의 초기값이다.

기억해야 하는 것은, 베껴 쓰기는 생각을 위한 과정이라는 사실이다. 진정한 메모는 나만의 생각을 기록하는 데 있다. 기존 지식에 새로운 정보가 연결되며 창조되는 생각, 느낌을 메모하면 된다. 독서 메모는 책에서 시작하지만 삶으로 연결되고, 세상의 다양한 주제와 연결되는 생각의 마중물이어야 한다. 영화 감상도 마찬가지다. 영화에서 시작하되 삶의 문제, 나와 너, 우리를 다루어야 한다. 메모가 힘 있는 이유는 좋은 정보를 넘어서 얼마 안 있으면 사라질 생각, 창조적인 생각을 머무르게 하는 작업이기 때문이다.

셋째, 오늘 쓰기와 매일 쓰기다. "이것이 무슨 노하우고, 질을 높여 가는 노력이냐?"라고 질문하는 이들도 있을 것이다. 하지만 당연한 듯 보이는 이 일을 대부분의 사람이 실행하지 않는 것이 문제다. 무엇인가를 잘하려고 노력하는 것은 좋은 태도다. 조심해야 할 것은 행동이 뒤따르지 않는 불성실이다. 쓰기를 지속하지 않으면서 잘 쓰기만 원한다면 방법이 없다.

최고의 메모 방법은 오늘부터 시작해 쭉 지속하는 것이다. 이 일이 가능할 때 기술적 메모, 차원이 다른 메모도 가능하다. "작가란 오늘 아침에 글을 쓴 사람이다"라는 로버타 진 브라이언트(Roberta Jean Bryant)의 말은 일반적인 글쓰기에만 해당되는 것이 아니라 메모 글쓰기에도 정확히 요구되는 기본기다. 나는 이렇게 말하고 싶다.

"작가는 오늘 아침에 메모한 사람이다."

나는 하루에 A4 한두 장 이상 메모를 한다. 수첩에, 카카오톡 나와의 채팅에, 이메일에, 컴퓨터 글 모음 파일에 쉴 새 없이 메모한다. 이어지는 생각의 기록이 아니다. 조각조각 흩어진 낱개의 생각들이다. 언제 어디에 쓰일지 알 수 없는 생각의 조각들이지만 이 메모가 없었다면 2018년 이후 3년간 10권의 책을 쓰기는 불가능했을 것이다. 어떻게 그 짧은 기간에 많은 책을 썼느냐고 누군가 묻는다면 매일의 메모 글쓰기를 첫 번째 요인으로 꼽을 것이다.

15

느낌을 표하다

: 희로애락을 돌아보는 감정 글쓰기

나의 글쓰기 이력

어린 시절 나는 글과는 거리를 멀었다. 그 흔한 일기도 쓰지 않았다. 쓰고 싶은 마음도, 써야 할 이유도 없었다. 썼던 글이라고는 학창 시절 수업 시간의 필기, 방학 숙제로 하룻밤에 만들어 낸 독후감과 몰아 쓴 일기가 전부였다.

성인이 되고 연애를 하면서도 편지를 쓰지 않았다. 정확히 말해 쓸 수 없었다. 마음을 글에 담는 편지에 무엇을 써야 할지 몰랐다. 쓰려는 시도가 없었던 것은 아니다. 썼다 지웠다를 반복하다 결국 쓰기를 포기하곤 했다. 아내가 편지를 쓰면 전화로 답장을 대신했다. 연애 기간 보낸 편지가 전혀 없었던 것은 아니다. 지금도 기록에 남아 있는 두세 통의 편지가 처음과 마지막이었다. 2001년 7월 10일에 쓴 '아름다운 생각'이라는 첫 번째 편지의 도입은 이러했다.

"하나님이 천지를 창조하셨습니다. 그리고 그곳을 다스리는 두 사람, 아담과 하와를 세우셨습니다. 그들은 하나님의 눈으로 세상을 볼 수 있었습니다. 그들은 벗었으나 그것은 그들에게 문제가 되지 않았습니다. 부모가 자녀를 바라보는 것처럼, 사랑하는 연인이 상대방을 바라보는 것처럼 그들의 바라봄은 사랑의 통로를 통과했기에 외면적인 바라봄의 모습이 그들의 마음에 걸림이 되지 않았습니다.
그러한 그들에게 사탄이 찾아왔습니다. 그러고는 그들을 유혹했습니다. 동산 중앙의 실과를 먹으면 너희의 눈이 밝아질 거라고…. 그들은 그 유혹에 넘어갔습니다. 그리고…"

이어지는 내용은 여기 소개한 글의 다섯 배 정도 되는 분량이었다. 감정을 표현하는 사랑의 편지를 쓴다고 나름 고민한 흔적이 담긴 기록이었다. 결혼한 후 이 첫 번째 편지에 대해 아내와 이야기를 나눈 적이 있다. 첫 번째 편지를 받고 아내는 당황했다고 한다. 나는 사랑을 표현한다고 노력했지만 아내는 익숙하지 않은 형식의 편지를 보며 '이 사람은 어떤 사람이지? 교제를 이어 가도 되는 걸까?' 잠시 고민했다고 한다.

20대 중반이 될 때까지 나에게 글은 영원한 과제였다. 글 앞에서는 늘 주눅 들어 있었다. 글을 써야만 하는 경우 며칠 동안 컴퓨터 앞에서 씨름해야 했다. 누가 뭐라 한 적은 없지만 자기 검열의 벽은 넘어설 수 없는 장벽과도 같았다. 20대 초반 이어령 교수의 글에 매료되어 그의 전집을 모두 읽어 내려간 적이 있다. 당시 '이어령 교수와 같은 글을 쓰고 싶다'는 생각을 했지만 글쓰기를 지속해 가지는 못했다.

글쓰기의 즐거움을 처음 느꼈던 것은 대학원에서 '자크 엘륄 연구' 수업에 참여했을 때다. 역사학자이자 사회신학자인 자크 엘륄(Jacques Ellul)의 작품은 나에게 임계점을 넘어서는 학습 독서의 첫 번째 경험을 선물해 주었다. 자크 엘륄이라는 인물을 더 깊이 알고 싶었다. 서점에서 국내 번역서 14권을 모두 구입해 읽었다. 대충 읽어 내려가지 않았다. 한 권 한 권 요약하며 읽었다. 모든 작품을 한 편의 리포트로 정리하며 나만의 견해를 더해 갔다. 그의 생각을 정리해 나의 삶의 일부로 삼고 싶을 정도로 자크 엘륄의 사상에 푹 빠져 지냈다.

누가 시킨 것이 아니다. 좋은 점수를 받기 위한 노력도 아니었다. 2학점짜리 선택 과목이 요구하는 시간보다 수십 배 더 되는 시간을 투자한 듯하다. 글과 쓰기를 이전과는 다른 관점에서 바라보게 된 첫 번째 계기였다.

논리적인 글쓰기에는 어느 정도 자신감을 갖게 되었다. 신문사에서 주최하는 독후 에세이 공모전에서 여러 차례 수상한 경험은 글에 대한 두려움을 깨 버리는 데 적지 않은 영향을 미쳤다. 그래도 나의 마음, 감정을 글에 담아내는 일은 여전히 힘든 과제였다. 즐겨 하지 않았고 원하지도 않았다. 그 두려움을 벗어나게 된 때는 그로부터 10여 년 가까운 시간이 흐른 40대 중반에 이르러서였다.

똑같은 파도는 절대 오지 않는다

2020년 도쿄 올림픽에서 처음으로 정식 종목이 된 서핑 경기 해설자의 해설이 이슈가 된 적이 있다. 전문 해설자가 아니었다. 처음 중계되는 서핑 경기다 보니 바닷가에서 서핑 기구를 대여하고 판매하며 유튜브를 운영 중인 현장 전문가를 초빙해 해설을 맡겼다. 그의 해설은 틀에 얽매이지 않았음을 느낄 수 있었다. 서핑에 대한 전문성은 물론이요 삶의 깨달음과 연결 지어 가며 던지는 해설이 처음 서핑 중계를 접하는 이들에게 큰 공감을 불러일으켰다. 그의 해설 가운데 잊히지 않는 멘트가 있다.

"똑같은 파도는 절대 오지 않습니다. 선수들은 주어진 환경 속에서 최선을 다해야 할 뿐이지요. 인생이랑 같아요."

서핑 선수들의 경기를 보며 그가 던진 해설이었다. 이론적인 해설을 넘어 그의 진심이 느껴지는, 삶의 핵심을 꿰뚫는 표현이었다. 그의 말처럼 목표를 추구하며 성공을 위해 나아가는 이들에게 불어닥치는 인생의 파도는 시시각각 다른 강도, 형태로 밀려든다. 예전에 이러했으니 이번에도 이러할 것이라 생각하다가 낭패를 겪는 일이 빈번하게 일어난다.

사역 현장에서 글쓰기를 잘하고 싶어 하는 많은 동역자를 만나곤 한다. 그들 중 다수는 글쓰기에 관한 책을 많이 보았고, 글쓰기 관련 강좌를 수강한 이들도 있었다. 공통점이 있다면 들인 노력에 비해 만족할 만한 글쓰기를 진행하고 있는 이들이 많지 않다는 사실이었다. 그런 분들과 이야기를 나눌 때면 김훈 작가가 50세 되던 해 쓴 신문 칼럼을 소개해 주곤 한다. "말하기의 어려움"이라는 제목의 칼럼이다.

"젊은 날에는 말이 많았다. 말과 그 말이 가리키는 대상이 구별되지 않았고 말과 삶을 분간하지 못했다. 말하기의 어려움과 말하기의 위태로움과 말하기의 허망함을 알지 못했다. 말이 되는 말과 말이 되지 않는 말을 구별하기 어려웠다. 언어의 외형적 질서에 하자가 없으면 다 말인 줄 알았다. 어쩔 수 없었다. 말하기의 조건들을 일러 주는 스승이나 선배도 없었고 가르쳐 주었다 하더라도 알아듣지 못했을 것이다. 말과 글을 배우는 젊은이에게 말이란 너무 유혹적인 것이어서 말하기의 두려움을 함께 배울 여유는 전혀 없었다."

작가로서 그가 이야기한 '말'은 '글'로 보아도 무방하다. '글쓰기'에 대한 소회다. 이런 글을 접하는 이들은 '말과 글의 조건을 배워 제대로 된 글을 쓰겠다'고 결심하곤 한다. 인정받는 문장가의 멋진 고백을 보고 새로운 각오를 다지는 것은 전혀 이상하지 않다. 사람들이 독서를 각오하고 글쓰기를 각오하는 것은 낯선 풍경이 아니다.

글쓰기에 관한 전문가들의 독려와 주장, 의견에 귀 기울일 때 잊지 말고 기억해야 하는 사실이 있다. 그들에게도 인정받기 이전의 무명 시절이 있었다는 사실이다. 김훈 작가와 같은 글쓰기 전문가에게도 '초보 시절'이 있었다. 그 시절은 한두 해의 짧은 순간이 아니다. '시절'이라는 말로 표현될 정도로 긴 세월이었다. 그의 칼럼을 통해 엿볼 수 있는 김훈 작가의 젊은 날의 글쓰기를 열한 가지 항목으로 정리해 보았다.

첫째, 글쓰기를 좋아했고 많은 글에 생각을 담았다. 둘째, 글이 가리키는 대상도 구별하지 못한 채 썼다. 셋째, 글과 삶을 분간하지 못한 채 오랜 기간 글을 썼다. 넷째, 글쓰기의 어려움을 모른 채 글을 썼으며, 다섯째, 글쓰기의 위태로움을 모르고 글을 썼고, 여섯째, 글쓰기의 허망함도 모른 채 글을 썼다. 일곱째, 글이 되는 글과 글이 되지 않는 글을 구별하지 못한 채 글을 썼으며, 여덟째, 언어의 외형적 질서에 하자가 없으면 다 글인 줄 알았다. 아홉째, 스승과 선배들에게 글쓰기의 조건들을 배우지 못하고 글을 썼고, 열째, 글쓰기의 두려움을 배우지 못한 채 글을 썼던 젊은 시절이 있었다. 열한째, 글쓰기에 대해 배웠다 할지라도 청년 시절에는 그것을 알아듣지 못하고 글을 썼을 것이다.

나는 그의 글을 보며 그가 전하고자 한 의도와 달리 그가 부러웠다. '나도 젊은 시절 김훈 작가와 같은 태도로 글을 대했더라면 얼마나 좋았을까' 생각하곤 한다. 그런 태도가 최선이라는 말은 아니다. 다만 무엇인가를 모른 상태로, 제대로 분간하지 못한 상태에서 자유롭게 무엇인가를 표현했다는 그의 고백은 청년 시절 그렇게 표현하지 못한 나에게는 부러운 부분일 뿐이다.

목사가 삶과 글을 분간하지 못해서야 되겠는가. 그래서는 안 되겠지만 그것은 결과가 아닌, 있어야 할 과정이다. 두려움에 사로잡혀 속마음을 제대로 표현하지 못하는 것보다는 다시 오지 않는 파도 같은, 순간의 마음과 느낌을 말과 글로 표현하는 자유를 만끽하는 시간이 요구된다. 표현되지 않은 사랑은 사랑이 아니라고 했던가. 표현되지 않은 생각은 이후 다시 누릴 수 있는 생각이라 자신하지 말아야 한다.

'똑같은 파도는 다시 오지 않는다'는 말은 글을 써야 하는 목사들이 한 번쯤 돌아보아야 하는 표현이다. 다양한 감정을 글로 표현해 보라. 글은 특별한 것이 아니다. 하나님의 선물로서야 특별하지만, 특정 소수만이 누릴 수 있는 특별한 것은 아니다.

감정을 기록해 보라

성경을 읽다 보면 수많은 성경 기자의 다양한 감정을 만나게 된다. 시편의 수많은 시를 보아도 그렇다. 형식으로서의 시, 하나님의 말씀 이전에 성경 기자들의 감정이다. 항상 기뻐하고 감사한 마음이 정제된 표현이 아니다. 원망과 분노, 슬픔과 두려움으로 가득하다. 너무도 솔직해서 당황스러울 정도다.

목사이자 작가로서 글쓰기에 대해 생각해 본다. 어떤 글을 써야 할까? 정제되고 논리적인 글을 잘 쓰면 되는 것인가? 물론 훈련하고 연습해야 한다. 분석적이고 정제된 언어로 하나님의 말씀을 전할 준비를 해야 한다.

그러나 그전에 우리에게 필요한 것은 자연스러움이다. 정제되어 감추어지기 이전의 생각과 마음, 느낌, 감정을 표현하는 솔직함이 있어야 한다. 은행이나 서비스 센터에서 일하는 이들의 업무를 '감정 노동'이라고 하지 않던가. 솔직한 감정은 뒤로하고 정해진 답을 해야 하는 것이 그들의 업무이기 때문이다. "사랑합니다. 고객님!" 사랑하지 않아도 사랑한다고 고백해야 한다. 그것이 감정 노동이다.

성경의 기자들은 그렇지 않았다. 감정 노동의 기록이 거룩한 성경이 된 것이 아니다. 하나님은 그들이 자기 감정 그대로를 고백하게 하셨고, 그들의 고백은 시(詩)가 되고 편지가 되어 하나님의 뜻을 전하는 말씀이 되었다. 감정적이 되라는 뜻이 아니다. 있는 그대로 나를 표현하는 자유를 누려야 한다는 것이다. 누구보다 목사에게 요구되는 과정이다. 그것은 목사의 능력이어야 한다.

신앙생활을 하면서 겪는 많은 어려움이 어디에서 오는가? 공동체 구성원의 감정이 표현되는 자리에서 발생한다. 감정과 감정이 만나고, 그것이 제대로 수용되고 소통되지 않을 때 문제가 발생한다. 우리는 감정 표현을 자제해야 한다고 배워 왔다. 감정을 표현하며 자라지 못했다. 그런 우리가 감정을 표현하기 시작하면, 자신도 알지 못했던 통제하지 못하는 감정이 드러난다. 다른 이들을 아프게 하고 공동체를 깨뜨리는 원인이 되는 것도 감정의 잘못된 표현이다.

많은 이가 자신의 감정에 솔직하지 못한 채 살아왔다. 아니, 자기 감정을 제대로 인지하지도 못한 채 감정적으로 살아왔다. 목사라고 예외일까? 감정을 기록해 보라. 솔직한 느낌을 표현해 보라. 솔직하게 표현될 때 자신도 알지 못하던 자신을 직면하게 된다.

나도 감정을 글로 표현하며 뒤늦게 훈련과 연습에 열심을 내고 있다. 솔직한 감정의 표현, 감정 글쓰기의 유익을 자녀들과 공동체와 나누고 싶어 교재를 만들어 가며 익숙하지 않은 감정 표현을 오늘도 연습하고 있다. 적어도 매일 한 가지 감정을 기록하고 나누도록 독려한다. 언제 기쁜지, 언제 슬픈지를 기록하게 한다. 즐거울 때, 화날 때, 짜증 날 때, 부끄러울 때, 후회스러울 때 등 일곱 가지 감정을 중심으로 기록한다. 이런 감정이 들 때와 자신의 반응을 글로 기록하게 한다. 언제 그런 감정이 들었는지 날짜도 기록하게 해 감정의 기복과 반복을 객관화하는 계기로 삼는다.

다음 워크시트는 아이들의 감정 글쓰기를 돕는 양식이다. 많은 분량은 아닐지라도 감정을 매일 하나씩 기록하게 해, 자신의 감정에 대한 메타인지를 높여 가는 기회로 삼고 있다.

슬플 때	나의 반응	언제

- 감정 노트의 예

  목사들의 감정 노트는 단문 표현보다는 수필처럼 자유롭게 표현하는 스토리텔링이면 더욱 좋다. 자신의 감정 노트를 정리하다 보면 그 노트가 설교의 중요한 소스가 되어 가는 경험을 하게 될 것이다. 목사 개인의 감정을 나누는 것을 넘어 인간 본연의 모습을 들여다보는 기회가 됨을 확인하게 될 것이다.

  설교나 강의를 할 때 성도들과 청중의 반응을 살펴보곤 한다. 그들은 설교자나 강의자가 남 이야기가 아닌 자신의 체험을 주제와 연결 지을 때 가장 크게 반응한다. 진리의 말씀을 전할 때도 마찬가지다. 말씀을 설교자의 삶과 연결 지어 이야기하는 지점에서 성도들이 큰 은혜를 경험한다는 사실을 발견할 수 있었다. 주가 되는 내용은 아니어도, 성경 내용 사이에 징검다리가 되어 이해를 돕고 삶에 적용할 수 있도록 인도하기 때문이다.

솔직함이 드러나면 성도들도 그 솔직함에 반응한다. 살아 있는 이야기이기 때문이다. 책을 읽고 전하는 훌륭한 이들의 멋진 이야기와는 또 다른 생동감이 느껴지기 때문이다. 자신과 먼 이야기가 아닌, 자신도 알고 있는 목사의 솔직함이 반영된 이야기가 가깝게 느껴지기에 이를 통해 하나님의 뜻을 깨달아 가고 은혜를 고백하게 된다.

감정 글쓰기는 글쓰기 이상의 변화와 성숙을 우리에게 선물해 준다. 하나님을 알아 가고, 이웃을 알아 가며, 나를 알아 가는 가운데 하나님의 나라가 세워지고 확장되어 감을 경험하게 된다. 이보다 더 좋을 순 없다.

16

의문을 탐하다
: 신앙과 삶의 의문을 살피고 탐하는 타우마젠 글쓰기

2014년 실리콘밸리의 벤처 사업가 출신 벤 넬슨(Ben Nelson)은 미네르바 스쿨(Minerva Schools)을 설립했다. 미네르바 스쿨은 교육과 기술의 융합을 통한 에듀 테크로 미래를 준비하는 대학이다. 교육 방식도 효율적 학습을 위해 캠퍼스 없는 온라인 수업을 선택한다. 학생들은 수업 이전에 독서와 글쓰기로 과제를 준비하고, 수업은 토론을 중심으로 진행된다.

사이버 수업만 하는 것은 아니다. 학기마다 샌프란시스코(미국), 베를린(독일), 부에노스아이레스(아르헨티나), 서울(한국), 하이데라바드(인도), 런던(영국), 타이베이(대만) 등 4년 동안 세계 일곱 개 도시를 옮겨 다니며 세계 인재가 되기 위한 공동체적 삶도 훈련한다. 학기별로 머무는 도시에서 세계 기업들과의 산학협동 학습 과정에 인턴으로 참여하며 현장을 배워 가는 것도 미네르바 스쿨의 핵심 커리큘럼 중 하나다. 세계가 미네르바 스쿨을 주목하고 있다. 한국의 교육가들과 학부모들도 마찬가지다. 왜 미네르바 스쿨의 교육 개혁에 세계의 이목이 집중되고 있는 것일까?

의문과 질문이 사라진 교회

무너진 교육의 문제를 이야기할 때 빠지지 않고 언급되는 이야기가 있다. '질문이 사라진 교실, 질문이 사라진 대학'이다. 벤 넬슨이 미네르바 스쿨을 설립한 것도 이 때문이다. 대학 교육의 한계를 절감하고 질문과 대화, 토론 위주의 학습 과정을 설계한 결과가 미네르바 스쿨이다. 문제 해결을 위한 시도, 그 결과를 당장 이야기할 수는 없다. 우리의 관심은 세상의 변화 추이에 맞춰져야 한다. 세상은 빠르게 변화하고 있다. 지켜야 할 것은 지켜야 하지만, 그 이외의 것들은 모두 변화해 가는 시대 앞에 서 있다. 앞으로 다가올 미래가 아닌 오늘 우리가 살고 있는 세상의 이야기다.

미네르바 스쿨만의 이야기가 아니다. 학교도 기업도 일반적인 가르침과 이전의 스타일만을 강요할 수 없는 시대임을 자각하기 시작했다. 배운 것을 아는 것이 힘인 시대가 지나고, 알아내는 법을 세우는 것이 힘인 시대가 도래했음을 알고 대비하기 시작했다. 듣고 배우기만을 강요하지 않는다. 의문을 허용하고 질문을 장려하는 분위기가 모든 분야에 자리 잡아 가고 있다. 스스로 의문을 갖고 탐구해 나갈 수 있는 사람을 양성하기 위해 사회는 모든 힘을 집중하고 있다.

교회는 어떠한가? 질문에 관해서는 학교보다 한층 더 깊은 골이 파여 있다. 질문 자체가 없다. 그렇다고 의문이 없는 것일까? 그렇지 않다. 의문이 있어도 그것이 질문이 되어 공유되지 않는다. 교회가 질문을 금한 것은 아니다. 하지만 '무조건적' 믿음을 강조하는 풍토에서 의문은 불신앙이며, 질문은 부족한 믿음을 드러내는 행위라는 인식이 그리스도인들을 오랜 시간 사로잡아 왔다. 그것이 교회가 초래한 현상이라면 질문은 금해진 것이나 마찬가지 아닐까.

타우마젠이 열매 맺는 첫 번째 자리

진리가 선포되고 가르쳐지고 지켜지는 현장은 '타우마젠'(taumazein)의 현장이어야 한다. 타우마젠은 '놀라움, 경탄, 경이'를 나타내는 그리스어다. 고 이어령 교수는 타우마젠을 '호기심이 해소되는 순간, 물음표가 느낌표로 바뀌는 순간'이라 정의했다. 진리는 읽고 들은 것을 외우고 암송하는 것 이상이다. '정말 그러한가?'라는 의문을 품고 다가서야 한다. 사도 바울이 베뢰아의 회당에서 복음을 전했을 때 보인 유대인들의 태도가 모든 그리스도인, 목사의 태도여야 한다.

"베뢰아에 있는 사람들은 데살로니가에 있는 사람들보다 더 너그러워서 간절한 마음으로 말씀을 받고 이것이 그러한가 하여 날마다 성경을 상고하므로 그 중에 믿는 사람이 많고"(행 17:11-12상).

성경은 그들을 '너그러운 사람들'로 표현한다. 그 결과는 간절한 마음으로 말씀을 받았다는 것이다. 개역한글 성경은 "베뢰아 사람은 데살로니가에 있는 사람보다 더 신사적이어서 간절한 마음으로 말씀을 받고"라고 번역하고 있다. 너그러운 사람, 신사적인 사람의 태도는 수용되는 정보에 대해 '정말 그러한가?' 물음을 던지며 생각하는 자세로 나아가는 것이다. 그것이 진리라면 더욱 그렇다. 덮어놓고 믿는 것이 아니라, 의문을 품고 질문을 던지며 진리로 나아간다면 물음표가 느낌표로 변할 것이다. 누구도 흔들 수 없는 뿌리 깊은 신앙이 되어 가는 순간이다.

신앙생활을 할 때 타우마젠이 열매 맺는 두 자리가 확보되어야 한다. 첫째는 목사의 자리다. 진리의 탐구자이자 진리의 선포자로 부르심을 받은 자로서, 신사적인 그리스도인으로 진리 앞에 서야 한다. 가르치는 이들은 변증가여야 한다. 결과만을 선포하는 것이 아니다. 가르쳐 지키게 하는 데 필요한 것은 과정의 설계다. 믿음의 체계, 진리의 체계를 탐구하고 연구해 설명할 수 있어야 한다.

목사에게 필요한 것은 깨달음 이전의 의문과 질문이다. 물음표가 있어야 느낌표가 의미 있다. 목사의 자리는 타우마젠이 넘쳐 나는 자리여야 한다. 자문자답해야 한다. 성령이 우리에게 주시는 의문을 탐구해야 한다. 붙들고 기도해야 한다. 목사의 자리는 그렇게 세워져 가야 한다.

타우마젠이 열매 맺는 두 번째 자리

중요한 것은 선포 이후다. 성도들에게도 의문이 있을 수 있다. 의문은 풀어야 할 문제고, 해결해야 할 과제다. 성도들이 의문을 질문으로 표현하는 일에 성공하도록 도와야 한다. 성도의 삶은 타우마젠이 열매 맺어야 하는 두 번째 자리다.

사람들은 우리가 사는 오늘을 '뷰카'(VUCA)의 시대'라 부른다. 뷰카는 '변동성'(Volatility), '불확실성'(Uncertainty), '복잡성'(Complexity), '모호성'(Ambiguity)의 앞글자를 딴 말이다. 세상은 뷰카의 시대를 대변하며 그 중심에 자리한 세대를 'MZ세대'라 부른다. 사전은 MZ세대를 '1980년대 초반-2000년대 초반에 출생한 밀레니얼 세대와 1990년대 중반-2000년대 초반에 출생한 Z세대를 통칭하는 말'로 정의한다. 이들은 이전에 당연했던 것들을 결코 당연한 것으로 받아들이지 않는다. 의문을 품고 질문 던지기를 두려워하지 않는다. 문제는 변함없는 교회의 모습이다. 그들의 질문에 답하기보다 믿음이라는 이름으로 여전히 침묵을 강요하는 분위기로 반응한다.

아무리 주장이 확실한 MZ세대라도 오랫동안 지켜져 온 교회의 벽을 넘어서기란 결코 쉬운 과제가 아니다. 변화되어야 할 교회 문화가 바뀌지 않고 여러 차례 좌절을 맛본 이들 가운데 교회를 떠나는 경우가 늘고 있다.

반면에 교회 안에서 새로운 변화를 시도하는 이들도 있다. 성경과 교회, 신앙생활에 대한 자신들만의 견해를 밝히는 그리스도인들의 출현이다. 대표적인 이들이 그리스도인 유튜버다. MZ세대를 대변하는 이들 중 하나인 그들은 그동안 마음속에 품고 있던 의문을 질문으로 던지며 스스로 답을 찾기 위한 노력을 경주하기 시작했다. 이전의 종교 개혁이 교회 지도자들의 질문에서 시작되었다고 한다면, 오늘의 종교 개혁은 유튜브와 같은 온라인 플랫폼에 자신들의 의견을 표현하는 MZ세대의 움직임을 통해 진행된다고 보는 것은 결코 무리가 아니다. 교회 지도자들은 이러한 변화의 시그널에 주목해야 한다. 더 이상 잠잠히 듣고 믿음 안에서 순종만 하는 그리스도인으로 세워 가서는 안 된다.

참된 교육의 개혁은 인공지능의 화려한 기술을 통해 진행되지 않았다. 질문과 대화, 토론을 통해 교실에서 소통을 회복해 가는 자리에서 진행되었고 지금도 그러하다. 교회의 회복도 다르지 않다. MZ세대가 가진 의문에 먼저 다가서는 노력이 필요하다. 그들의 질문에 귀 기울이고 성실히 답하며 소통해 가야 한다. 무엇보다 언제든 의문을 질문으로 던질 수 있는 교회 문화를 세워야 한다. 교회 개혁은 특별한 방법에 기인하지 않는다. 이 땅에서 맺힌 관계를 푸는 과정을 통해 하나님 나라의 참된 소통이 회복된다는 사실을 잊지 말아야 한다.

거래에서 클레임에 걸릴 때가 있다. 거래 중에 불평이 발생하거나 불만이 제기되고, 손해 배상이 청구되는 것이다. 목사의 설교에도 성도의 클레임이 허락되어야 한다. 클레임을 처리하는 과정이 자연스러운 교회 문화가 되어야 한다. 여기서 말하는 클레임은 단순히 불평을 토로하거나 분쟁을 야기하는 것이 아니다. 의문을 표현할 수 있는 환경에 대한 이야기다.

설교에 의문을 제기하는 것은 성도에게 결코 쉬운 일이 아니다. 설교는 하나님의 말씀이기에 의문이 아닌 "아멘"으로 화답해야 한다고 배워 온 이들이 대부분이다. 목사는 성도들의 의문에 관심을 가져야 한다. 성도들이 의문을 질문 되게 하는 자세를 가지도록 가르치고 지키게 해야 한다. 그때 신앙이 성숙한다. 물음표의 씨를 뿌리고 느낌표의 열매를 수확하는 기쁨을 경험하는 자리가 은혜의 자리다. 성도 한 사람의 변화와 성숙을 넘어 머리 되신 예수 그리스도의 몸 된 지체로서 교회가 세워져 가는 자리다.

나만의 타우마젠 질문 노트 만들기

성경에는 많은 신앙 선배의 의문과 질문이 가득하다. 신앙인으로 살다 보면 하나님의 뜻을 실천하는 현실이라는 자리에서 고민하고 갈등하는 상황을 많이 직면하게 된다. 고라 자손 헤만도 그러했다. 해결되지 않는 의문 가득한 현실 앞에 당황스러워했다. 그런 그는 질문으로 하나님께 나아갔다.

> "주께서 죽은 자에게 기이한 일을 보이시겠나이까 유령들이 일어나 주를 찬송하리이까 (셀라) 주의 인자하심을 무덤에서, 주의 성실하심을 멸망 중에서 선포할 수 있으리이까 흑암 중에서 주의 기적과 잊음의 땅에서 주의 공의를 알 수 있으리이까 여호와여 오직 내가 주께 부르짖었사오니 아침에 나의 기도가 주의 앞에 이르리이다 여호와여 어찌하여 나의 영혼을 버리시며 어찌하여 주의 얼굴을 내게서 숨기시나이까 내가 어릴 적부터 고난을 당하여 죽게 되었사오며 주께서 두렵게 하실 때에 당황하였나이다"(시 88:10-15).

목사 자신도 의문이 얼마나 많은가? 의문을 지나치지 말라. 혼자 생각하고 묵상하며 답을 찾아가도 좋지만 의문을 기록으로 남기기를 추천한다. 목사의 의문, 묵상의 흔적은 이후 가르침의 중요한 자료가 된다. 자신만의 의문이 아니기 때문이다. 동료 목회자들의 의문이요 이 땅의 모든 그리스도인의 마음속 의문이라 여겨도 좋다.

타우마젠 질문 노트를 만들 것을 추천한다. 질문은 의문의 구체화다. 마음에 생겨난 의문을 질문으로 표현하라. 말로 표현하고 글로 정리하라. 글로 쓰는 질문 문장은 구체적일수록 좋다. 한 번에 한 가지 질문이면 좋지만 여러 문장으로 심화되는 질문도 좋다. 하박국 선지자도 의문을 지나치지 않았다. 아무리 고민하고 기도해도 해결되지 않은 의문이 있으면 그 의문을 들고 하나님께 질문으로 나아갔다.

"여호와여 내가 부르짖어도 주께서 듣지 아니하시니 어느 때까지리이까 내가 강포로 말미암아 외쳐도 주께서 구원하지 아니하시나이다 어찌하여 내게 죄악을 보게 하시며 패역을 눈으로 보게 하시나이까 겁탈과 강포가 내 앞에 있고 변론과 분쟁이 일어났나이다 이러므로 율법이 해이하고 정의가 전혀 시행되지 못하오니 이는 악인이 의인을 에워쌌으므로 정의가 굽게 행하여짐이니이다"(합 1:2-4).

다음 워크시트는 오랫동안 나 자신을 위해 작성해 온 질문 노트를 공동체를 위한 표로 구성한 것이다.

의문에서 질문으로 나아가라			
KDC		질문 키워드	
질문			
질문 탐구			

출처 √ 도서 □ 스승 □ 부모님 □ 친구 □ 인터넷 □

3부 일상 글쓰기, 이렇게 시작하라!

'KDC'는 한국도서관십진분류(Korean Decimal Classification)의 약자로 지구상의 모든 정보와 지식을 열 개의 주류 분류로 정리하는 체계다. 질문의 영역, 분야를 KDC 분류에 따라 기록한다. 예를 들어, 교육에 대한 질문은 '300 사회과학'이라 표기하면 된다. 의학, 건강에 대한 질문은 '500 기술과학', 심리에 대한 질문은 '100 철학'이나 '180 심리학'이라 표기한다. 이렇게 하면 질문의 수가 쌓였을 때 자신의 질문이 어떤 분야에 관한 것인지 알아볼 때 매우 유용하다.

'질문 키워드'는 자신이 던지는 질문을 하나의 핵심 단어로 표기하는 항목이다. '질문'은 자신의 의문을 구체적인 문장으로 적는 곳이다. 던진 질문에 대해서는 다양한 채널을 통해 해답을 찾아가는 노력을 해야 한다. 물론 탐구 결과도 문장으로 정리해 놓는다. 책을 통해 얻은 정보, 인터넷이나 다른 사람의 답변을 통해 얻은 아이디어도 좋다.

질문을 문장화하고 답변을 기록으로 남기는 것은 생각의 지도를 만드는 좋은 습관이다. 의문에서 질문으로 나아가고, 머릿속 생각에서 종이 위나 모니터상의 문장으로 옮기는 가운데 생각이 자란다. 말의 논리가 세워지고, 행동하는 신앙인이 될 가능성이 높아져 간다.

의문! 질문으로 나아가야 한다. 질문! 머릿속 생각을 넘어 글쓰기로 정리해야 한다. 그 과정을 통해 얻는 유익은 목사 개인의 유익뿐 아니라 함께하는 공동체 구성원, 성도들에게 임하는 하나님의 은혜의 마중물이 될 것이다.

17

독서로 꿈꾸다
: 살며 사랑하며 배우며 나누는 독서 글쓰기

변화를 이루는 두 가지 배움의 길

경험에는 두 가지 길이 있다. 직접 경험과 간접 경험이다. 직접 경험만큼 좋은 것은 없다. 여행을 강조하는 까닭도 직접 경험의 중요성 차원에서다. 내가 어려운 상황에도 4개 대륙 35개국 이상을 여행한 이유도 이 때문이다. 하나님이 창조하신 세계를 여행하면서 세계가 우리의 배움터임을 고백하게 된다.

그렇다고 직접 경험만이 최선은 아니다. 직접 경험의 한계는 분명하다. 첫째, 시공간의 제약이 크다. 둘째, 재정적인 문제도 무시할 수 없다. 가장 중요한 것은 셋째 이유다. 보아도 보이지 않고 들어도 들리지 않는다. 준비되지 않았기 때문이다. 아는 만큼 보이고 들리는 법이다. 여행은 할 수 있지만, 준비되지 않은 여행을 통한 배움은 그 한계가 명확하다. 여행 그 자체에 의미를 두어도 좋다. 안타까운 것은, 첫째와 둘째 한계로 여행다운 여행을 하는 이들이 많지 않다는 것이다. 차분하게 생각하는 여행보다 조급하게 관람하고 끝내는 여행이 대부분이다.

여행만 직접 경험에 해당되는 것은 아니다. 우리가 살아가는 시간 속 모든 경험이 그러하다. 그런데 실패를 통해 배우지 못한다. 성공은 했지만 성공의 원인을 바로 알지 못한다. 성공은 지속되지 못하고, 실패가 반복되는 일상을 살아가곤 한다.

이러한 직접 경험의 한계를 보완해 주는 것이 간접 경험이다. 독서는 간접 경험 중 최고의 수단과 방법이다. 직접 경험은 독서를 통해 보완될 때 나의 수준과 한계를 뛰어넘는 경험이 된다. 새로운 사실이 아니다. 누구나 알고 있다. 인생의 성공과 실패는 새로운 사실이나 비기(祕機)에 의해 좌우되지 않는다. 대부분 알고 있는 것을 실행했는가, 지속했는가에 달려 있다.

독서에 대한 안타까움도 바로 이 지점에 대한 것이다. 많은 이가 독서의 중요성을 알고 있다면서 독서하지 않는다. 누구보다 절박하다면서 독서를 지속하지 않는다. 목사의 인생 설계가 책 몇 권을 더 읽는다고 완성되지는 않는다. 계획한다고 당장 드라마틱한 변화가 진행되는 것도 아니다. 가능성을 높여 가는 노력 중 하나다. 드라마틱한 변화라기보다 '변화가 과연 일어나기는 하나?' 묻게 될 정도로 오랜 시간 인내하다 어느 시점에 주어지는 변화다.

독서를 강조하는 네 가지 이유

첫째, 독서는 누구에게나 주어진 평등한 기회다. 누구라도 책을 읽을 수 있다. 주어진 하루 24시간 중 책 읽는 시간을 할애하는 것은 온전히 자신의 몫이다. 수준도 문제 되지 않는다. 자신이 소화할 수 있는 책부터 시작하면 된다. 공간을 여행하는 것처럼 돈이 많이 들지 않는다.

재정이 허락된다면 책을 구입해서 읽는 것도 좋지만, 도서관을 이용하면 비용이 전혀 들지 않는다. 독서 선진국에 비교해 도서관이 열악하다지만 20년 전과는 비교할 수 없을 만큼 도서관, 독서 인프라가 잘 조성되어 있다. 인구 비율당 도서관의 수가 적은 것은 사실이다. 하지만 마음만 먹으면 어렵지 않게 책을 빌려 읽을 수 있는 시스템이 갖춰져 있는 것도 사실이다.

나는 책을 구입해 읽는 독서를 추구해 왔다. 꿈이 있었기 때문이다. 나 혼자만의 독서로 끝내고 싶지 않았다. 도서관을 세우고 싶었고, 개인의 독서를 넘어 교회와 기독교 기관을 건강한 학습 공동체로 세워 가고자 하는 꿈을 가져 왔다. 학습 공동체의 독서를 디자인하는 방법 중 하나가 책을 구입해 읽는 것이었다. 청년 시절부터 매월 30-50만

원가량 책을 구입해 읽었다. 그 결과로 세워진 것이 1만 4,000여 권을 소장한 호도애도서관(분당 소재)이다.

하나의 주제를 연구할 때 가능하면 좋은 책, 나와 생각을 달리하는 책 등 여러 의견을 담은 책을 모두 구입하려 노력한다. 목표가 분명하기 때문이다. 개인 독서를 넘어 도서관교회를 통한 목회를 꿈꿨다. 지식만 채우는 독서가 아니라 하나님의 형상을 회복하는 책 읽기를 소망했다. 나의 좁은 관점으로 책을 한정 짓지 않으려 노력한 이유다. 통전적인 독서 활동을 통해 하나님의 사람으로서 나를 준비해 갈 수 있었다. 독서를 통한 기회는 누구에게나 열려 있다. 안타까운 사실은 이 놀라운 비밀, 기회를 누리는 이들이 소수라는 점이다.

둘째, 독서는 차원이 다른 즐거움을 선물해 준다. 즐거움 없이는 그 어떤 것도 지속하기 힘들다. 책을 안 읽는 이들이 많은 사회에서도 그 누군가 책을 읽는 이유는 책이 주는 즐거움 때문이다. 책 말고도 우리에게 즐거움을 주는 것이 얼마나 많은가. TV 드라마나 영화가 주는 즐거움도 크다. 음식이 주는 즐거움도, 돈을 버는 즐거움도 크다. 관계를 통해 얻는 즐거움은 말할 것도 없다.

책이 주는 즐거움은 앞서 말한 것과는 차원이 다른 즐거움이다. 책이 주는 것은 정보만이 아니다. 감동을 준다. 깨달음도 준다. 무엇보다 나의 삶에 성장을 가져다준다. 전인격적인 성장의 발판이 되어 준다. 인격을 세우는 데 독서는 좋은 길을 제시해 준다. 미래 역량을 준비하는 데 독서만 한 것이 없다. 그 과정에서 꿈도 자라고 실력도 향상되어 가는 즐거움을 누린다(독서를 해야 하는 셋째와 넷째 이유다).

셋째, 독서는 내가 꿈을 꾸게 한다. 나의 과거를 돌아보고 현재를 직시하게 하는 것도 독서의 힘이다. 한 걸음 더 나아가 미래를 꿈꾸게 한다. 독서는 미래를 위한 준비 도구가 되어 준다. 독서를 통해 나의 부족함을 채워 갈 수 있다. 독서가 지속되면서 변화되는 자신을 경험할 수 있다. 꿈이 자라는 것도 이 때문이다. 처음의 꿈은 자신만을 위한 것일 수 있다. 일상의 독서가 진행되는 가운데 의식의 확장이 진행된다. 나를 넘어 다른 이들의 변화도 자기 꿈의 일부가 된다.

우리는 그리스도의 몸 된 지체가 아닌가? 서로가 주 안에서 한 몸임을 성경을 통해서만 아니라 창조의 세계를 살아간 이들의 흔적을 살피는 가운데 확인하게 된다. '모두는 하나를 위해, 하나는 모두를 위해'(All for one, one for all), 즉 나를 위해 사람들이 존재하고 그들을 위해 오늘 나 자신이 보내심을 받아 세워졌음을 깨달아 간다. 꿈이 확장되고 세상과 연결되어 가는 것이야말로 독서를 통해 누리는 축복이다.

넷째, 변화와 성숙, 인간의 역량과 능력의 강화다. 무엇보다 중요한 이유다. 책을 읽으면 사고하게 된다. 기존의 정보와 새로운 정보가 부딪쳐 가며 역동을 일으킨다. 이전에 없던 생각이 떠오른다. 창의력은 신비한 능력이 아니다. 특별한 이들만 누리는 신의 선물이 아니다. 연결 능력이며 기존 지식에 대한 해석 능력이다. 사람들은 그 결과를 창조적이라 평할 뿐이다. 책 속에 모든 문제의 답이 있다고 말하고 싶지는 않다. 다만 책을 읽고 글을 쓰는 가운데 우리의 뇌가 자극받는다.

회상을 통해 기억을 되살리고, 정보가 수용되고 기존의 지식과 연결되는 가운데 들지 않던 생각이 지혜가 되어 문제 해결을 위한 아이디어가 분출되기 시작한다. 하나님의 창조 형상으로 회복되어 가는 과정의 일부다.

독서와 글쓰기

글쓰기에는 정답이 없다. 글 쓰는 능력을 향상하는 최선의 방법이 있다면 그것은 초기값을 높이는 것이다. 초기값을 높이기 위해 요구되는 첫 번째 단계가 독서다. 독서가 중요하다는 사실을 모르는 사람은 없다. 다만 실천하지 않을 뿐이다. 여기서 말하는 독서는 글쓰기를 전제한 독서다. 글쓰기를 전제한 독서와 그렇지 않은 독서는 결코 같을 수 없다.

글 쓰는 독서에서 잊지 말아야 할 것은, 글 쓰는 독서는 결코 과목이나 프로그램이 아니라는 사실이다. 독서와 글쓰기는 수많은 프로그램 중 하나가 아니라 과정이다. 글 쓰는 독서를 과정 학습으로 이해하는 것만으로도 질적 성장이 이루어진다.

프로그램이나 과목 학습 차원의 독서와 과정 학습의 글 쓰는 독서는 무엇이 다른가? 과목 학습은 배움의 내용에 집중한다. 한정된 내용을 배우는 것이다. 새로운 내용이 나오면 그 내용을 또 익혀야 한다. 폭포가 아니라 분수 같은 배움이다. 배움의 역량을 키우기보다는 내용을 수용하는 형태로 독서가 진행된다. 과정 학습 중심 글 쓰는 독서는 다르다. 내용에 앞서 내용을 다루는 방법과 사고 역량에 집중한다. 내용을 수용하는 것과 동시에 우리가 원하는 것을 어떻게 배울 수 있는지에 관심을 둔다. 그 배움을 가능하게 하는 역량을 세워 가는 것이 과정 학습 글 쓰는 독서의 목표다.

세상의 무수한 내용, 정보의 수용을 넘어 지식의 체계, 질서를 부여하는 능력을 세워 가는 과정의 설계를 목표로 한다. 과정 학습으로서의 글 쓰는 독서가 내용의 수용을 무시하는 것이 아니다. 사고 역량을 세워 가는 것이 중요한 이유는 바른 지식, 참인 내용을 수용할 수 있기 때문이다. 배우되 잘 배우기 위함이다. 바르게 배우기 위함이다. 효과적인 배움이 가능한 원천 능력을 갖게 하는 데 목표를 둔다.

힘이 있는 글쓰기를 원한다면 독서를 기반으로 한 글쓰기에 집중해야 한다. 정보만 받아들이는 독서, 남의 생각만 옮겨 풀어 놓는 글쓰기가 아니라 나와 세상을 알아 가는 창조적인 독서 글쓰기가 진행되어야 한다. 다른 이들의 연구 결과를 학습하되, 자신만의 새로운 관점, 부분적인 지식을 넘어 온전한 전체상을 제시하는 융합 학습 과정의 독서 글쓰기가 진행되어야 한다. 한마디로, 글 쓰는 독서법은 '배워야 할 것(내용)을 배우면서 배우는 법과 역량을 함께 세워 가는 학습법'의 초기값이다. 이것이 목사의 일상 글쓰기다.

공명 있는 삶을 디자인하는 목회

목사는 자의 반 타의 반 지도자의 자리에서 살아간다. 성경을 통해 하나님이 명하신 말씀을 가르쳐 지키게 하는 일을 위해 부르심을 받은 이들의 사명이라 할 수 있다. 그래서인지 성도들은 성경에 관한 문제를 넘어 삶의 문제를 들고 목사에게 찾아온다. 성도들이 고민하는 분야는 다양하고 문제의 차원도 천차만별이다. 자기 앞에 질문이 던져지고 그에 대한 답변이 요구되는 상황의 연속이 목사의 일상이다. 많은 성도가 목사의 답변을 정답처럼 여기며 살아가기까지 한다. 목사 이외에 인생을 논할 더 나은 대안을 갖지 못한 이들도 적지 않다.

목사는 성도들의 삶에서 성경 교사뿐 아니라 삶의 스승이 되었고, 지금도 그러한 것이 현실이다. 영향력 있는 삶을 원하는 이들에게는 축복의 자리, 감사의 자리지만 마냥 좋을 수만은 없다. 책임이 뒤따르는 자리기 때문이다. 목사가 상담하고 조언해 준 문제 해결 방안이 해법이면 좋겠지만 그렇지 못할 때가 많다. 생각해 보아야 한다.

'나는 목사로서 준비되었는가? 성경 교사를 넘어 인생 리더의 역할을 감당할 준비가 되었는가?'

주도적이라는 것은 의사를 결정하고 빠르게 실행할 수 있는 것만을 의미하지 않는다. 실행의 결과를 책임질 수 있을 때 비로소 주도적인 사람이라 말할 수 있다. 자신의 결정 뒤에 따라오는 실행의 부담과 인내해야 하는 시간의 압박을 알고 준비하며 책임질 수 있어야 한다. 그런 측면에서 '나는 주도적인 목사로 살아왔는가?'라는 물음에 자신 있게 답할 수가 없다. 성경에 관해서는 성도들보다 몇 걸음 앞서가며 성경 교사의 역할은 감당할 수 있다고 하자. 신앙생활 문제는 만만치 않다. 성도들이 살아가는 수많은 현장, 다양한 문제 가운데서 성경적 신앙을 세워 가는 것은 쉬운 과제가 아니다. 목사가 되기 위한 준비만으로는 감당할 수 없는 일들이다.

신앙생활은 복잡계다. 성도들은 이것이 정답이라고 이야기할 수 없는 다양한 상황 가운데서 살아간다. 고민하고 갈등하며 기도 가운데 선택과 실행을 하고, 책임지며 살아가게 된다. 그 여정에서 목사는 성도들의 삶과 연결되어 한 지체인 동시에 지도자의 자리에서 그들을 지원하며 살아간다.

감당하기 힘든 과제 앞에 선 내게 독서는 주도적인 목사가 되는 기회를 선물해 주었다. 연약함과 부족함을 채워 가며 변화와 성숙을 도모하는 여정에서 독서는 빼놓을 수 없다. 살며 사랑하며 나누는 삶을 살아가는 목사에게 배움은 사랑을 위한 수고요, 하나님이 인도하시는 과정이다. 나를 변화시키고, 이웃을 사랑하며, 하나님 나라를 이루어 가는 수단과 방법이 되어 주기 때문이다. 『유러피언 드림』의 저자 제러미 리프킨(Jeremy Rifkin)은 말한다.

"아메리칸 드림은 성공하기 위해 개인에게 주어지는 무한한 기회를 강조한다. 미국인들에게 성공이란 주로 물질적인 부를 말한다. 아메리칸 드림은 개인의 물질적 출세를 지나치게 강조하고 리스크, 다양성, 상호 의존성이 증가하는 세계에 걸맞은 더 넓은 사회복지에는 전혀 관심을 두지 않는다. … 유러피언 드림은 개인의 자유보다 공동체 내의 관계를, 동화보다는 문화적 다양성을, 부의 축적보다 삶의 질을, 무제한적 발전보다 환경 보전을 염두에 둔 지속 가능한 개발을, 무자비한 노력보다 온전함을 느낄 수 있는 '심오한 놀이'[완전한 몰입을 통해 삶의 의미를 깨닫고 희열을 느낄 수 있는 활동]를, 재산권보다 보편적 인권과 자연의 권리를, 일방적 무력 행사보다 다원적 협력을 강조한다."

목사의 꿈은 아메리칸 드림일 수 없다. 유러피언 드림도 아니다. 그것을 포함하되, 한 걸음 더 나아간 하나님의 꿈이어야 한다. 영어 '레서넌스'(resonance)는 울림을 의미하는 단어다. 공명(共鳴), 잔향이라고 번역할 수도 있다. 목사의 꿈은 하나님의 꿈을 품고 공명이 있는 삶을 사는 것이어야 한다. 목사의 배움은 울림, 공명 있는 삶을 디자인하는 과정이다. 목사의 삶, 목회가 다른 이들의 삶에 울림과 잔향으로 전해지기 위해 그 과정은 관리되어야 한다. 목사에게 독서는 글쓰기를 위한 준비만이 아니다. 정보를 수용하고 지적인 그리스도인이 되는 것 이상이다. 하나님의 꿈을 이루어 가는 과정이기 때문이다. 공명 있는 삶을 살기 위해서는 다른 이들의 공명 안에 들어가야 한다. 그들의 영향을 받는 과정이 요구된다.

목사는 독서하며 글 쓰는 사람이어야 한다. 선택이 아닌 필수 요소다. 내가 살아갈 직접 경험 속 실수를 줄이고, 다른 이들의 삶 속에 있던 공명을 누리는 일에 독서는 최고의 길잡이가 되어 준다. 독서를 통해 나와 세상을 알아 가고, 글을 쓰는 가운데 성도들의 삶을 깊이 들여다보며 나를 향한 하나님의 뜻을 마주할 수 있음을 알고 실행하는 목사이기를 소망한다.

18

문제를 살피다
: 세상을 돌아보는 이슈 글쓰기

우리가 직면하게 될 미래는 상상 이상의 변화를 가득 품고 다가올 미지의 세계다. 미래를 준비하는 우리의 노력이 형식적이어서는 안 된다. 맹목적인 믿음 안에서 현상만 유지해서도 안 된다. 목사에게 요구되는 것은 바른 예측을 전제한 체계적인 준비 과정이다. 우리가 생각하는 것보다 빠르게 변화하는 미래는 장밋빛 그림과 동시에 문제를 동반한다. 교회라고 예외는 아니다. 세상 속 그리스도인들도 비껴갈 수 없는 오늘 우리의 현실이다. 교회의 준비, 목사의 준비는 문제를 살피고 예측 및 해결하기 위한 대책이어야 한다. 변화하는 세상에 발맞춰 가는 것을 넘어 한 걸음 앞서가는 지혜여야 한다.

스타링크 프로젝트

미래를 주도해 가는 기업을 이야기할 때 테슬라(Tesla)를 빼놓을 수 없다. 지난 몇 년간 하나의 자동차 브랜드를 넘어서 미래와 변화를 상징하는 키워드로 자리 잡아 왔다. 그 중심에는 CEO 일론 머스크(Elon Musk)가 있다. 현실에 안주하지 않고 미래를 위해 이어져 온 그의 새로운 도전은 사람들에게 많은 기대감을 안겨 주었다.

모든 선택이 지혜롭고 좋은 결과로만 이어진 것은 아니다. 리스크가 큰 선택이나 논란이 되는 발언 등으로 사람들 입에 오르내리는 일이 잦았다. 아이러니한 것은, 그의 단점이기도 한 그 모습이 그의 경쟁력이라는 사실이다. 테슬라의 경쟁력과 오늘의 이미지도 그렇게 구축되어 왔다. 이러한 면모는 지구의 문제를 해결한다는 목표 아래 추진하고 있는 우주 프로젝트에서도 잘 드러난다.

일론 머스크에게는 테슬라의 CEO 말고 또 하나의 직함이 있다. 민간 우주 기업 스페이스X의 CEO다. 서로 다른 지역에 위치한 테슬라, 스페이스X 본사를 비행기를 타고 오가며 업무를 진행하고 있다. 그는 매일 아침 7시에 일어나 새벽 1-2시에 잠들기까지 일에만 집중한다고 말한다. 기업가를 꿈꾸는 이들에게 "정말 미친 듯이 일해야 한다"고 당부한 것처럼, 그는 일에 미친 사람처럼 하루하루를 살고 있다.

이런 열심 가운데 스페이스X가 추진 중인 사업 두 가지가 있는데, '스타링크 프로젝트'와 '화성 식민지 건설 프로젝트'다. '스타링크 프로젝트'는 소형 위성 1만 2,000개를 지구 저궤도에 띄워 전 지구를 초고속 인터넷망으로 연결하겠다며 머스크가 제시한 비전이다. 지구의 문제를 해결한다는 그의 비전은 현재 실행 중이며 2025년까지 순차적으로 목표를 달성하기 위해 위성을 발사하고 있다. 이것은 자신의 다른 기업인 전기자동차 테슬라의 운영 체계와 연결되어 가며 서로 변화, 발전해 가는 시너지를 나타내고 있다.

  지구의 인구 문제, 환경 문제 해결을 위한 대안으로 제시한 화성 이주 계획에 대한 사람들의 시선에도 변화가 일고 있다. 그 어떤 나라도, 기업도 보여 준 적 없는 우주선 개발의 진보가 하나둘 보이기 시작하기 때문이다. '머스크라면 가능할지도 모른다'는 생각이 미국을 넘어 세계인들의 마음을 뒤흔들고 있는 것이 오늘의 현실이다.

지속 가능한 발전 목표 SDGs

  2015년 9월 유엔총회에서 'SDGs 17'이 발효되었다. 'SDGs'는 지속가능발전목표(Sustainable Development Goals)의 약자로, 국제사회가 결의한 17가지 지속 가능한 발전 목표에 관한 것이다. 193개국 정상들의 서명으로 발효된 SDGs는 2015년부터 2030년까지 16년간 인류가 직면한 전 지구적 문제를 해결해 가기 위한 협약이다. 인간, 지구의 번영을 위한 인류의 구체적인 행동 계획이라고나 할까.

  "어느 누구도 뒤처지지 않는다"(No one left behind)라는 포용성의 표어

아래 가장 뒤떨어진 국가 공동체부터 선진국까지 모두를 대상으로 한 국제 비전이다. 많은 국가가 참여할 뿐 아니라 다루는 문제들도 매우 포괄적이다. 정부, 시민 사회, 민간 기업 등 모든 이해 관계자들이 참여하고 있으며, 우리나라에서도 코이카(KOICA, 한국국제협력단)를 중심으로 많은 유관 기관이 협력하고 있다.

　빈곤과 공평이라는 인류의 보편 사회 문제 해결이라는 과제는 그들이 협력하는 동기요 프로젝트의 초기값이다. 성장과 번영을 위한 경제적 문제도 예외는 아니다. 나아가 자연과 자원의 생태적 목적을 위한 지구 환경 문제에 이르기까지 인류의 모든 문제를 포괄적으로 다룬다. 이 방대한 목표는 한두 나라, 거대 기업과 몇몇 기관의 노력만으로는 이룰 수 없다. 전 지구적인 연대와 협력이 바탕이 되었을 때라야 바라보는 문제 해결을 이루어 갈 수 있다.

　지속 가능한 발전을 이루어 가기 위해서는 노력만으로는 안 된다. 제도 구축 등의 시스템적 보완이 동시에 이루어져야만 한다. 'SDGs 17'은 세계 모든 국가가 지구촌의 문제 해결을 위해 동의한 미래 비전 키워드다. 협력을 통해서만 해결 가능한 것이 오늘 우리 앞에 던져진 문제다. 그것은 한 개인, 사회, 국가를 넘어 전 지구적인 과제라는 사실에 인식을 같이했기에 가능한 노력이다.

문제가 있는 곳에 비전이 있다

기업가 일론 머스크와 193개국이 연대하여 추구해 가는 '지속 가능한 발전 목표 SDGs 17'을 보며 교회와 그리스도인, 목사의 비전에 대해 생각해 보게 된다. 우리에게도 분명한 비전은 존재한다. 예수께서 맡기신 지상명령을 감당해 가는 것이다. 복음을 통해 하나님 나라를 이루려는 시도는 이전에도, 지금도 교회를 통해, 그리스도인의 삶을 통해, 목사의 사역을 통해 진행 중이다.

아쉬움이 있다면, 예수 안에서 하나 되어야 하는 교회가 하나 되지 못한 상태에서 이 비전을 추구하고 있는 것은 아닌지에 대한 것이다. 하나 되지 못함이 우리만의 문제는 아니다. 테슬라와 같은 기업이 추구하는 것이 오로지 공공의 선이겠는가. 궁극적으로 기업의 이윤을 위한 노력일 수 있다. 'SDGs 17'로 하나 된 세계 국가들이라고 목표한 표어대로만 프로젝트를 진행해 가겠는가? 그렇지 못하다. 그럴 수도 없다. 분명한 사실은, 국가 이기주의가 엄연히 존재하는 현실 속에서도 함께 모여 공동의 목표를 설정하고 실행해 나가기 위한 시도가 지속되고 있다는 사실이다.

교회의 현실은 어떠한가? 하나 됨을 위한 노력이 없다고는 할 수 없으나 사랑의 띠로 연합하기보다 세상의 문제 앞에서 각개전투로 나아가고 있음은 부정할 수 없는 사실이다. 그사이 세상을 향한 교회의 영향력은 약화되었다. 어느 한 사람, 한 교회의 문제가 아니다. 죄인 된 우리 모든 그리스도인의 문제요 교회의 문제다.

나는 목사이자 작가다. 지금도 목사의 정체성을 가진 작가로 글을 쓰고 있다. 오늘의 자리는 내가 바라본 교회 문제에 대해 나의 역할을 규정하고, 그로 인해 디자인한 사역의 결과다. 지난 3년 6개월 동안 10권의 책을 출간했다. 글 쓰는 이로서 최선을 다한 결과이지만 인류, 복음이라는 큰 틀 속에 결코 영향력이 크지 않은 사역임을 알고 있다. 그 결과물인 모든 콘텐츠가 "읽기와 쓰기"를 주제로 하고 있다.

독서와 글쓰기가 중요하다지만 목사로서 그 많은 시간 "독서와 글쓰기"를 주제로 책을 쓸 필요가 있냐는 의문을 품은 이들도 있을 것이다. 그러한 의문은 독서와 글쓰기를 사역의 필드로 하며 살아온 지난 25년간 끊임없이 들어야 했던 이야기다. 목사가 감당해야 할 핵심 사역이기보다 교회 직분자 한 명을 세워 대신할 수 있는 프로그램으로 여기는 이들이 많다는 것을 알고 있다.

그래도 나는 이 사역을 진행해 왔고, 지금 이 순간에도 '목사의 글쓰기'에 대해 이토록 구구절절 강조하며 공감대를 형성해 가고자 노력하고 있다. 무엇 때문인가? 이 일을 지속해 올 수 있었던 것은 이 일이 하나님이 내게 주신 비전이라는 믿음 때문이다. 하나님이 '잃어버린 기독교 교육 읽기와 쓰기'를 기독교의 문제로 바라보게 하셨고, 그 문제 해결을 위해 행동할 마음을 나에게 허락하셨기 때문이다.

나의 몸짓은 작고, 또한 품은 주제가 오늘 당장 해결이 시급한 교회의 문제가 아님을 알고 있다. 동시에 알고 있는 것 한 가지가 있다. 교회의 본질을 회복하는 데 이 노력이 필요하다는 사실이다. 신앙인이자 부르심을 받아 보냄 받은 목사들에게 없어서는 안 될 사역의 요소라는 사실을 알기 때문이다. 지금 당장 읽고 쓴다고 교회의 문제, 그리스도인의 신앙의 문제가 해결되는 것이 아님은 알고 있다. 하지만 그곳에서부터 출발하지 않는다면 다른 모든 문제의 해결 또한 불가능하다는 것 또한 알고 있다. 진리가 우리를 자유롭게 하는데, 그것은 말씀을 바로 읽는 일부터 시작되어야 하며, 목사의 글쓰기는 그것을 이루어 가는 과정의 노력이기 때문이다.

나에게 글을 쓴다는 것, 책을 쓴다는 것은 목사로서 직분을 감당하는 것이다. 나의 교회가 아닌 예수 그리스도를 머리로 한 몸 된 지체로서 교회 공동체를 세워 가는 노력이요, 진리를 선포해 가는 과정이다. 세상의 목사로 인정받는 길은 아닐 수 있어도 하나님의 마음을 시원하게 해 드리는 일들 중 하나임은 알고 있다. 교회와 그리스도인의 삶의 문제 해결을 위해 누군가는 감당해야 할 일이다. 대단한 일은 아닐지라도 목사로서 감당해야 할 작은 몸짓은 이후로도 이어 갈 것이다. 하나님이 그리하도록 이끄실 줄 믿으며 나아가려 한다.

목사는 리베로다

'리베로'(libero)는 이탈리아어로 자유인을 뜻하는 말로, 축구팀에서 수비수이면서 공격에도 적극 가담하는 선수를 말한다. '스위퍼'(sweeper)

라고도 하는데, 중앙 수비수이지만 공격을 전개할 때 전진하여 중거리 슈팅이나 패스로 공격에 적극적으로 도움을 주는 포지션이다. 배구 경기에도 리베로 역할이 존재한다. 수비를 전문으로 하는 선수인 리베로는 팀 내 선수들과 다른 색의 유니폼을 입으며, 서브나 블로킹, 공격은 할 수 없고, 오로지 수비와 서브 리시브만 가능하다. 교체 수가 제한된 다른 선수들과 달리 한 세트에 몇 번이고 교체 투입될 수 있기에 승리를 위한 팀의 승부수로 적극 활용된다.

세상 속 목사의 포지션은 세워진 교회 공동체의 리베로라 할 수 있다. 목사가 사회 각 분야에 직접 나가 투쟁하는 존재는 아니다. 목사로서 교회를 넘어 세상 속 리더로 살아가는 이들은 이전에도, 지금도 존재한다. 현실 속 그러한 역할은 부정할 수 없는 사역의 자리 중 하나다. 다만 목사의 본질적인 자리 찾기, 우선순위에 대해 고민할 때 목사의 정체성은 세상 속 그리스도인들을 위한 리베로가 아닐까 생각하게 된다.

목사는 주인공이기보다는 조연이다. 문제 해결자이기보다는 조력자다. 세상 속 그리스도인들은 성도라는 이름으로 교회로 나아온 동시에 세상 속으로 파송된 사역자들이다. 목사는 한 사람의 그리스도인인 동시에 세상 속 그리스도인들에게 변화하는 세상 속에서 변화하지 않는 하나님의 말씀, 예수 그리스도의 복음을 가르쳐 지키도록 돕는 것을 사명으로 부르심을 받은 존재다.

목사는 그 세상을 향해 강력한 서브를 날리거나 공격하는 존재로 부르심을 받지 않았다. 그들의 강력한 공격을 막아 내는 블로킹 저격수로 부르심을 받은 것도 아니다. 같은 세상이라는 코트 안에서 함께 싸우지만 강력한 공격, 위기 가운데서 그들을 도우며, 그들이 세상을 상대로 싸울 수 있도록 지원하는 자의 역할이 우선되어야 한다.

리베로로서 목사는 파도만을 보는 자가 아닌, 바람을 보는 자여야 한다. 눈앞의 공만을 보는 것이 아닌, 공의 흐름과 선수들의 흐름을 파악하고 그들을 지원하는 존재다. 목사의 글쓰기는 목사가 세상을 살아가는 그리스도인들을 지원하고 섬기는 최고의 리베로 전략이자 무기다. 목사는 글쓰기로 성경의 진리를 이야기해야 한다. 하나님의 마음을 그리스도인들에게 전하는 선포자가 되어야 한다. 동시에 세상을 논할 수 있어야 한다.

목사의 글쓰기는 단순히 글을 쓰는 행위 이상의 이야기다. 세상 속 그리스도인들이 진리를 바라보며 하나님의 마음을 품고 현실을 살아갈 수 있도록 지원하는 리베로가 되어야 한다. 리베로는 후방에서 손 놓고 있는 자리가 아니다. 전방에 나가 싸우지 말라는 의미가 아니라, 자신의 역할을 알고 자리를 지키는 것이 우선되어야 한다는 점을 강조하기 위해서다.

하나님이 삶의 순간, 목사를 삶의 전면에 세우기도 하신다. 목회의 현장 자체가 그 자리이기는 하지만 의도하지 않은 자리로 부르심도 주님의 뜻 가운데 있을 수 있다. 그것은 하나님의 몫이다. 목사는 목사의 자리에서 자신을 준비시켜 가자. 성경을 연구하는 사명자로, 세상 속 그리스도인을 위해, 세상을 더 깊이 사랑하기 위해 그들을 알아가는 일에 힘쓰는 학습자로 살아가야 한다. 목사의 글쓰기는 그 고민과 갈등의 자리에서 품게 하신 마음을 그리스도인들과 세상에 선포하는 하나님의 마음이다.

  목사의 글쓰기로 세상의 문제를 품어라. 하나님의 마음을 담아내기 위해 기도로 나아가라. 문제가 있는 곳에 목사의 글이 있고, 그것을 위해 글쓰기를 훈련하는 것이 목사의 사역이 아니겠는가. 나를 부르신 하나님의 뜻을 위해 기도하되, 인간적으로도 고민하고 갈등하는 과정을 오늘도 살아야 한다. 누군가의 자리를 대신하는 것이 아닌, 목사로서 나의 자리를 지키기 위해 조금 특별한 노력을 기울이기 이전에 기본을 돌아보는 노력이 오늘 우리에게 필요한 것은 아닌지 고민해야 한다.

4부

목회 글쓰기, 이렇게 지속하라!

6가지 실전 목회 글쓰기

19

복음을 전하다
: 말이 된 글, 설교 글쓰기

질이 높은 설교 vs 대중성이 높은 설교

목사의 설교는 하늘의 언어를 세상의 언어로 풀어내는 과정이다. 목사의 설교가 질을 높여 가는 노력인 동시에 대중성을 높여 가는 노력이어야 하는 이유다. 이 과제를 성공적으로 수행하는 데 필요한 것은 성도들의 삶과 신앙에 천착하는 것이다. 그들의 삶의 형편이 어떠한지, 현재의 관심이 무엇인지 알기 위해 힘써야 한다. 하나님의 말씀으로 가르치는 것이 중요하다면, 그들이 지켜 행하는 자가 되도록 하기 위해 알아야 하는 현실적인 문제들이 존재한다.

설교와 준비 과정으로서 글쓰기의 목표가 진리의 선포라는 점은 잊지 않되, 그 과정에서 성도들의 관심사와 연결해 가는 지혜가 필요하다. 마음의 의문을 풀어 주고 그들의 언어로 진리를 풀어 보여 주어야 한다. '이것이 진리다'라고 강조하는 것을 넘어 '이것이 진리구나'라고 깨닫는 자리로 그들을 이끌기 위한 지혜가 필요하다. 하늘의 언어와 세상의 언어를 연결해 가는 것, 끊임없는 배움이 필요한 이유다.

대중성을 높여 가라는 것은 성도가 듣고 싶은 내용만 전하라는 의미가 아니다. 가르쳐 지켜야 하는 하나님의 말씀이 목표라면 그들이 품은 의문과 던진 질문을 마중물 삼아 시작하라는 것이다. 듣고 싶어 하는 내용이란 그들의 관심사다. 그것과 진리의 말씀의 거리를 좁혀 가며 연관 짓는 일에 성공해야 한다. 믿음과 구원을 선포하되, 현실과 일상생활의 다양한 주제가 배제된 상태에서 선포해서는 안 된다. 진리가 중요하다지만 단번에 깨닫기를 요구해서는 안 된다. 천천히 차례를 지키며 알아 가도록 이끌어야 한다.

웹 소설이나 드라마 영역에서 '절단신공'이라는 말이 있다. 연재되는 소설과 드라마의 한 회 안에 완벽한 기승전결이 있어야 하는 동시에 다음 회에 대한 의문과 궁금증도 유발해야 하는데, 이것을 절묘하게 수행하는 능력이다. 절단신공은 작가의 능력이며 연출자에게 요구되는 역량이다. 독자와 시청자의 입장에서 다음 회의 내용이 궁금하도록 만들어 보지 않고는 배기지 못하고, 듣지 않고는 견디지 못하는 상황을 만들어 내는 연출, 기획 능력을 말한다.

하나님의 말씀의 진리를 어찌 단번에 배워 알 수 있겠는가. 천천히,

차례를 지켜 가며 말씀의 진리 체계를 세워 가기 위한 절단신공이 목사에게 요구된다. 가르치는 자로서 목사가 절단신공의 과정을 잘 밟아 갈 때 대중인 그리스도인, 몸 된 지체인 성도가 시간의 흐름 속에서 기뻐하고 즐거워하며 변화하고 성숙해 갈 수 있다.

"왜 진리에 순종하지 않는가? 왜 복음에 열광하지 않는가?" 하며 다른 이들을 탓하지 말아야 한다. 복음은 변하지 않는 진리이지만, 복음에 옷을 입히는 것은 목사의 몫이다. 진리와 복음이 부족하기에 옷을 입히라는 말이 아니다. 듣는 이들의 부족함을 알고 인정하라는 이야기다. 그것을 전제로 목회하는 것이 목사의 사명 감당의 태도다.

목사들 가운데 복음을 전하는 메신저로 준비되지 못한 이들이 많다. '날것의 복음'이 힘을 발휘하지 못하는 것처럼 여겨질 때 복음이 부족해서가 아님을 알아야 한다. 자신의 부족을 회피하려 해서는 안 된다. 다른 이들의 부족함으로 인해 복음을 알아보지 못한 것이라 탓하지 말라. 날것의 복음에 부족함은 없다. 복음 그 자체가 힘 있음은 사실이다. 그러나 그것을 증거하는 목사의 '준비되지 못한 날것'은 볼품없다. 목사로서 자신을 준비해야 한다.

100% 순도에 도달할 수 없기에

목사로서 조심해야 하는 또 다른 한 가지는 자신이 믿는 진리가 진리 그 자체라고 생각해서는 안 된다는 것이다. 진리는 100%의 순도를 지닌 것이지만 우리에게 주어지면 불순물이 끼어들기 쉽다. 진리의 복음을 받아들이는 상태에서 왜곡이 발생하고, 그것을 전하는 과정에서 또다시 왜곡이 발생할 수 있다. 사도 바울이 빌립보 성도들에게 "항상 복종하여 두렵고 떨림으로 너희 구원을 이루라"(빌 2:12)고 말한 것도 이 때문이다. 우리 안에서 행하시는 이는 하나님이고 자기의 기쁘신 뜻을 위하여 우리에게 소원을 두고 행하게 하시나, 그러한 가운데서도 원망과 시비가 일어나는 까닭은 진리의 부족함 때문이 아니라 인간의 연약함 때문이다.

100% 순도로 나에게 존재하지 않는 진리와 복음을 가르쳐 지키게 하는 것이 목사의 사명이기에 풀어야 할 과제가 많다. 이 한계, 이 불완전함을 인정할 수밖에 없기에 우리는 매일 죽을 수밖에 없다(고전 15:31). 육의 사람으로 완수할 수 없는 일이기 때문이다. 오직 그분의 뜻대로 부르심을 입은 자들에게 임하는 은혜, 모든 것이 합력하여 선을 이루게 하시는 하나님의 은혜로만 가능하다(롬 8:28).

성경을 묵상하면 할수록, 시간이 흐르면 흐를수록 드러나는 것은 나의 무지함과 연약함이다. 동시에 소망을 가질 수 있는 까닭은 약할 때 강함 되시는 하나님의 인도하심을 확인할 수 있기 때문이다. 성경의 수많은 믿음의 선진이 그 증인이요, 그들의 삶이 증거다. 그때 고백하게 된다. "스데반도 나와 같은 존재였구나!", "사도 바울도 두려움과 공포 속에서 그 지난한 세월을 견뎌 냈구나!"라고 말이다. 그들이 강하고 담대해서가 아니었다. 하나님이 하셨다. 견딜 마음을 주셨고, 감당할 힘을 허락하셨다.

나는 스데반처럼 죽을 자신도 없고, 바울처럼 살아갈 용기도 없다. 하나님의 은혜가 아니고는 맡겨진 사명을 감당할 수 없다. 성령이 조명해 주지 않으시면 말씀 안에 사로잡힌 자로 살아갈 수 없다. 나를 붙잡아 주셔야만 주 안에서 모든 일을 감당할 수 있다. 이것이 나의 신앙 고백이요, 연약함 가운데 평안할 수 있는 이유다.

복음이 글로 우리에게 주어졌다

목사로서 글쓰기를 강조하는 것도 이 때문이다. 복음이 말이 되기 이전, 설교로 선포되기 이전에 글로 다듬어 가는 과정이 필요하다는 사실을 알기 때문이다. 글로 다듬는 과정은 말씀을 해석하는 과정이요, 해석자로서 우리의 사고를 점검하는 과정이며 정리하는 과정이다. 부족함을 확인하는 과정인 동시에 채우는 과정이요, 오류를 수정해 가는 과정이다. 목사의 글쓰기는 목사의 부족함과 잘못을 견제하는 수단이다. 이 과정이 바로 실행될 때 영적 공동체인 교회의 질서와 성도의 신앙생활은 복음의 체계 가운데서 바로 세워지고 유지될 수 있다. 우리에게 주어진 성경이 바로 이 과정을 통해 쓰였고 우리에게까지 전달되었다.

누군가는 미리 준비한 대로 설교하기보다 성령의 인도하심대로 설교하는 것이 진정한 설교라 말한다. 설교하는 순간, 성령께 자신을 내어놓아야 한다고 말한다. 성령의 역사하심은 무엇인가? 아무것도 준비되지 않았거나 부족한 준비 상태에서 갑작스럽게 주어지는 영감이 성령의 역사하심의 증거일까? 성령은 제한받지 않으시기에, 그것도 그분의 역사하심의 일부임을 인정한다. 그러나 성령은 기도와 묵상, 말씀 앞에서 몸부림치는 준비 과정을 통해서도 우리에게 역사하시며 그것이 성령이 일하시는 방법이다.

목사의 글쓰기는 하나님-세계-인간을 알아 가고 그 관계를 읽어 내는 행위다. 딸에게 영어 공부에 대해 이야기할 때 자주 강조하던 말이 있다.

"너는 영어를 학습하지 말고 영어로 학습하기 위해 영어를 배운다는 것을 기억해라."

영어뿐이겠는가? 독서도 마찬가지다. 독서를 통한 자기 계발도 좋지만 그 목적과 방향성은 하나님을 영화롭게 하는 도구로 사용되는 것이다. 독서를 통해 복음을 세상의 언어들과 연관시켜 갈 수 있어야 한다. 목사의 글쓰기에서 강조하는 것은 글쓰기 기술 자체에 있지 않다. 글쓰기 기술과 방법 넘어 글에 복음을 담아내기 위한 글쓰기를 배우고 훈련해야 한다. 목사는 누구인가? 말에 복음을 담아 전하는 일에 훈련된 자여야 한다. 글에 복음을 담아 전하는 일에 능숙한 자여야 한다. 그렇게 목사가 언어의 직공이 되어 갈 때 말이 된 글로서 설교는 더욱 힘 있고 성령이 일하시는 통로가 되어 간다.

설교 글쓰기 향상을 위한 두 가지 지침

첫째, 두 마리 토끼를 쫓지 말라! 글 쓰는 이들이 빠지는 유혹 가운데 하나는 모든 것을 글에 담아내려는 욕심이다. 글을 통해 자신을 뽐내고 싶은 마음과 문제 해결의 비책을 나누고 싶은 진심의 발현이다. 말을 자주 하고 글을 자주 쓰는 목사가 이 유혹에 자주 빠지곤 한다. 글을 잘 쓰기 원한다면 일단 글에 많은 내용을 담으려고 하지 말라. 두 마리 토끼를 쫓다가 모두 잃는다는 말은 글쓰기에 유효하다. 쓰고자 하는 말에, 설교에, 글에 하나의 주제만을 이야기하라.

많은 것을 이야기하지 않는 방법은 우선 하나의 핵심 키워드로부터 시작하는 것이다. 하나의 단어를 중심으로 이야기를 풀어 가라. 거기에 모든 것을 담아라. 다만 아는 모든 것을 이야기하려고 하지는 말아야 한다. 『검은 고양이』, 『어셔 가의 몰락』 등을 쓴 에드거 앨런 포(Edgar Allan Poe)는 "글은 한 가지 테마로 작성되고, 모든 문장이 그 테마와 일맥상통해야 한다"고 강조했다. 영국의 소설가 닐 게이먼(Neil Gaiman)은 말한다. "당신만이 전할 수 있는 이야기를 쓰라. 당신보다 더 똑똑하고 우수한 작가들은 많다."

단도직입적 문체에 사람들은 반응한다. 단도(單刀)란 짧은 칼이 아니라 하나의 칼을 의미한다. 칼 한 자루를 들고 직입(直入), 적진의 중심에 바로 들어가는 것을 말한다. 에두르기보다 정곡을 찌르는 글쓰기가 필요하다. 에두른 설명이 필요할 때도 있지만, 설교는 단도직입적인 글로 준비되어야 한다. 전하고자 하는 메시지를 직접적으로 이야기해 주어야 한다.

설교는 짧고 긴 것으로 판단할 수 없다. 다만 짧고 굵은 설교도 가능함을 아는 것이 중요하다. 준비되지 않은 이들이 전하는 긴 설교는 불필요한 말과 생각으로 가득 차 있다. 목사에게도 불필요하지만 듣는 성도들에게도 고역이며, 하나님께 영광일 수 없는 설교다. 목사의 설교 글쓰기, 에둘러야 할 때와 단도직입해야 할 때를 아는 지혜가 요구된다.

둘째, 자신만의 경험을 글에 녹여 내는 과정이 필요하다. 자신의 경험을 장황하게 풀어놓으라는 이야기가 아니다. 다만 글에 자신의 경험을 담아내는 일이 중요하다는 강조다. 아무것도 아닌 일을 거창하게 포장하는 것은 불필요한 일이며 피해야 한다. 기억해야 하는 것은, 글을 쓸 때 그것은 다른 누군가와 다른 그 무엇, 차이를 경험했다는 것을 전제로 해야 한다는 것이다. 신비한 체험만이 아니다. 작은 성장의 경험, 실패를 통해 좌절했지만 극복한 경험, 작을 수 있지만 모두가 공감할 수 있는 자신만의 경험이 글에 스며들 때 글은 의미가 풍성해지며 감동이 더해진다.

삶을 통해 경험한 은혜를 나누는 글, 설교는 힘이 있다. 특별한 형식을 취하지 않아도 생동감이 느껴지고 에너지를 느낄 수 있다. 살아 있는 언어로 탄생하는 과정이 그러하다. 목사의 글이 죽은 글이어서는 안 된다. 설교를 위한 글은 더욱 그렇다. 성경 인물의 이야기를 전하는 것은 필요하다. 역사 속 신앙의 선진들의 이야기를 풀어놓는 것이 설교의 중요한 요소일 수 있다. 성경의 진리를 이해하는 데 도움이 되기 때문이다. 그러나 거기에서 멈추면 안 된다. 남의 간증만이 아닌 "이것이 나의 간증이요 이것이 나의 찬송일세"(새찬송가 288장)라는 고백을 삶으로 살아 낸 증거가 설교에 담겨야 한다.

성경 인물, 역사 인물의 신앙적 결단은 감동적이나 멀게 느껴질 수 있다. 목사의 설교는 동시대 사람의 고민과 갈등, 변화의 흔적, 고난 극복 사례를 복음과 연결 지어 가야 한다. 그곳에서 성도들은 힘을 얻는다. 가능성을 발견하게 된다. 자신도 신앙 승리의 주역이 될 수 있음을 믿고 결단하게 된다. 그 과정의 스토리 중 일부는 목사의 삶의 자리, 흔적이어야 한다. 살아 있는 스토리, 주님이 함께하신 삶의 자리를 나누는 것은 힘이 있다.

20

정의를 내리다
: 신앙의 질을 높여 가는 키워드 글쓰기

이율배반

'서로 모순되어 양립할 수 없는 두 개의 명제.' 이율배반(二律背反)의 사전적 정의다. 예를 들어, 돈에 대한 기독교 내 시각이 그렇다. 이율배반적인 생각이 공존한다. 어린 시절부터 돈은 일만 악의 뿌리라 배웠다. 적극적이고 직접적인 가르침은 아니었다. 기독교 안에 돈에 대해 터놓고 이야기할 수 없는 분위기가 팽배해 있었다. 돈과 부에 관한 설교는 가끔 진행되었다. 긍정적이기보다는 부정적인 키워드들과 연관 지어 설교했던 것으로 기억한다.

돈에 대해 목사에게는 엄중한 잣대를 들이댄다. 목사 스스로가 그러했다. 돈을 멀리해야 하는 대상이라 여기며 자신에게 엄한 잣대를 적용하며 살았다. 돈과 성직이 연결되는 것에 대한 두려움이 있지 않았을까 싶다. 성도들도 같은 시선으로 바라보았다. 목사라면 달라야 한다고 생각했다. 지금이야 분위기가 많이 바뀌고 있다지만 얼마 전까지 기독교 전반적 분위기는 그러했다.

동시에 교회는 경제적인 축복을 기도로 간구했다. 세상에서 모은 재물은 부정해도 교회에 헌금하는 것은 하나님이 기뻐하시는 일이라 가르쳤다. 교회 안에서 부유한 이들을 바라보는 시선도 부정적이지 않았다. 교회 주요 직분자 중 다수는 비교적 경제적으로 여유 있는 사람들인 경향이 있었다. 누구도 그것을 이상하다 여기지 않았다. 부유한 그리스도인들을 부정적인 시각으로 바라보아야 한다는 이야기가 아니다. 오늘 우리의 기준을 돌아보자는 것이다.

기독교 내에서 돈에 대한 균형 잡힌 개념 정의, 성경적 정의가 내려져 있는지를 확인할 필요가 있다. 목사 자신에게 돈과 부, 경제에 대한 개념이 서 있는지 확인해야 한다. 바른 정의 내림 없이 세상 속 그리스도인으로 살아가는 이들에게 이율배반적인 삶의 태도가 자리하는 것은 당연한 결과다.

아이러니

목사는 무엇으로 먹고사는가? 은혜로 먹고산다. 이전에도 그러했고, 지금은 물론 이후로도 변함없는 사실임을 인정한다. 잊지 말아야 하는 것은 변함없는 사실이 오직 한 가지만은 아니라는 사실이다. 비전과 가치, 신앙 고백도 존재하지만, 다양한 현실 문제도 존재한다. 은혜로 사는 목사라고 비껴가지 않는다. 그중 하나가 돈의 문제다.

아이러니한 것은 돈에 가장 자유로워야 하는 목사들이 돈에 가장 부자유한 존재로 살아가는 모습을 자주 목격하게 된다는 사실이다. 사명자의 아이러니는 우리 주변에 실재한다. 돈만을 추구하는 욕망의 사람이 된다는 말이 아니다. 목사가 생존의 문제에 위협받게 되는 순간, 사명 감당을 위한 목적은 상실하지 않을지라도 생존에 필요한 돈을 버는 것이 현실 속 중요한 목표가 되어 버린다. 세속의 욕심에 관한 이야기가 아니다. 현실 속 해결되지 않는 사실에 대한 이야기다. 돈에 대해 걱정하지 말고 주님께 기도하면 채워 주신다고 말하는 이들이 있다. 사실이다. 다만 그것이 사실이라고 또 다른 모든 사실이 무시되어서는 안 된다.

교계에서 목사의 이중직 문제가 언급되기 시작한 것은 어제오늘 이야기가 아니다. 목사의 이중직 문제가 처음 논의될 때만 해도 중론은 '안 된다'였다. 목사가 목회 이외의 일에 관심을 두고 시간을 쏟아서는 안 된다는 것이다. 시간이 지나며 교단별로 목사의 이중직에 대한 기류가 변하기 시작했다. 총회법으로 공식 허락하는 곳들이 있는가 하면 많은 교단이 암묵적으로 동의, 허용하는 분위기로 변해 갔다. 왜 그런가? 그것이 현실이기 때문이다. 우리 주변의 많은 선후배, 동료 목사들의 현실이기 때문이다.

　나는 이 문제의 핵심은 이중직의 문제 자체가 아니라 생각한다. 명확하지 않은 기독교의 경제관, 돈에 대한 잘못된 개념으로부터 시작되었다고 생각한다. 이중직은 드러난 상처일 뿐 저 깊숙한 곳에는 정리되지 않고 외면받았던 돈에 대한 생각들이 자리하고 있다. 목사들에게만 해당되는 문제일까? 모든 그리스도인도 이 문제 앞에서 자유롭지 못한 상태다. 교회가 바로 정의 내리지 못한 돈 문제의 파급은 성도들의 삶 자체에 영향을 미쳐 왔다. 편향적이고 부분적인 정의, 성경적 돈에 대한 잘못된 정의와 생각들이 전파되어 그리스도인들의 마음속에, 그들의 삶 깊숙이 자리 잡고 영향을 미쳐 왔다.

　목사의 경제관, 돈에 대한 성경적 정의를 세워 가는 것은 목사의 인생 설계 문제를 넘어 세상 속 그리스도인의 인생을 세워 가는 문제와도 직결되어 있다. 고민하고 갈등하며 기도 가운데 추구해야 할 중요하면서도 시급한 문제다. 교회는 돈에 대해 솔직해져야 한다. 성경적 경제관, 돈의 신학, 돈의 철학, 그리스도인의 성경적 돈 관념에 대해 가르쳐야 한다. 드러내 놓고 적극적으로 가르쳐야 한다. 돈에 대한 근거 없는 정의는 내려놓고 성경적 돈에 대한 정의, 목사의 확고한 정의를 세워 가는 과정이 반드시 필요하다.

정의를 내리다

무엇인가를 정의한다는 것은 자신의 초기값을 확인하는 가장 좋은 방법이다. 무엇인가를 정의 내리는 가운데 우리는 세 가지를 확인하게 된다. 첫째, 내가 무엇을 알고 있는지, 둘째, 내가 무엇을 모르고 있는지, 셋째, 내가 알고 있다 할지라도 명확하게 알고 있는 것이 많지 않다는 사실을 직면하게 된다.

정의 내리기는 일상 어휘부터 시작하는 것이 좋다. 목사의 일상 어휘, 사역 어휘들을 정의 내려 보라. 알고 있는 어휘들인데 한마디로 정의 내려지지 않는 상황을 경험하게 될 것이다. 다시 말하지만, 특별한 어휘에 대한 것이 아니다.

"정의란 무엇인가?" "복음은 무엇이며 신앙이란 무엇인가?" "전도는 무엇이고 기도는 무엇인가?" "전쟁과 평화는 무엇이라 정의 내리겠는가?" "교육은 무엇이고 독서, 글쓰기는 무엇인가?" "하나님의 형상이란 무엇인가?"

여기 제시한 어휘 중 모르는 단어는 많지 않다. 사람마다 나름대로 정의 내릴 수 있을지 모른다. 그러나 지금 이야기하는 정의 내리는 글쓰기는 한두 줄로 단순히 정의 내리는 이야기가 아니다. 하나의 어휘를 나만의 언어로 정리할 준비가 되어 있는가. 앞서 이야기한 돈에 대한 이야기는 나만의 정의 내리기 사례라 할 수 있다. 돈에 대한 나의 초기값을 드러낸 자리다.

정의 내리는 글쓰기를 두려워할 필요 없다. 일상의 어휘에서 시작해 신앙의 어휘로 나아가면 된다. 점차 세상의 모든 문제, 무수한 인생의 키워드로도 정의 내리기를 확장해 가기를 추천한다. 정의 내리기는 정답에 관한 글쓰기가 아니다. 초기값의 확인이다. 의식을 확장하는 계기를 마련하는 마음으로 시작하면 된다.

우리는 결혼생활 중 이런 이야기를 하거나 듣곤 한다. "배우자를 알다가도 모르겠다", "우리 자식이지만 무슨 생각을 하며 사는지 알다가도 모르겠다"는 말이다. 20년 이상을 같이 산 사람을 가장 잘 아는 사람은 배우자일 것이다. 자녀도 그렇다. 그런데 그렇다고 모든 것을 안다고 하기도 어렵다. 다시 질문해 보겠다. 정말 알고 있는가? 자신이 알고 있다고 생각하는 것, 지금의 정의는 충분한 것인가?

"하나님은 누구신가?" "예수님은 누구신가?" "성령님은 누구신가?" "예배란 무엇인가?" 기독교 신앙의 가장 기본적이면서도 중요한 어휘를 정의 내려 보라. 우리가 미처 준비되지 못했음을 직면하게 될 것이다. 같은 어휘에 대한 정의라도 지식의 유무, 경험의 유무, 묵상의 정도에 따라 그 폭과 깊이는 다를 수밖에 없다.

목사는 자신만의 견해를 세워 가야 한다. 남의 이야기가 아닌 자신의 이야기를 가져야 한다. 정의의 질을 높여 가야 한다. 평생의 과제다. 진리는 그 자체로 완전하지만 '나의 견해, 나의 정의, 나의 이야기'라는 담는 그릇, 전달하는 통로를 통해 전해진다는 사실을 잊지 말아야 한다. 진리는 변함없어도 그릇과 통로는 각기 다를 수밖에 없다.

자신이 준비되지 못해 다른 이들에게 왜곡된 모습으로 진리를 전달할 수도 있고, 잘 준비된 자로서 사람들을 하나님께로 인도하는 전도자가 될 수도 있다.

어휘력을 높여 가는 글쓰기

어휘력을 높여 가는 글쓰기는 양과 질의 차원에서 동시에 진행되어야 한다. 어휘력을 높여 가는 양의 노력은 새로운 단어에 대한 학습을 의미한다. 시대가 변해 갈수록 신조어가 생겨나기 마련이다. 새로운 어휘를 안다는 것은 변화에 반응하며 나아간다는 것이다. 신조어뿐만 아니다. 일상 어휘 중에서도 다른 이들에게는 상식이지만 내가 관심이 부족해 알지 못했던 영역의 어휘들은 나에게 신조어일 수 있다.

새로운 분야를 접할 때 첫 번째 진입 장벽은 어휘로부터 시작된다. 어휘의 양, 정의력에서 결정된다. 아무리 사고력이 뛰어나도 어휘의 의미 자체를 알지 못하는 정보 영역에서는 아무것도 할 수 없고 도움을 줄 수도 없다. 새로운 어휘를 수용하고 이해하려는 정의 내리기는 의도적으로, 지속적으로 진행되고 관리되어야 한다.

배움은 매번 다른 것을 추구하는 것이 아니다. 새로운 앎도 중요하지만 아는 것의 질을 높여 가는 노력이 더 중요하다. 목사에게는 더욱 그렇다. 우리가 알고 있다고 여기는 진리의 말씀 하나하나를 다시 정의 내려 보아야 한다. 부족함이 발견되면 보완해야 한다. 오류가 발견되면 수정해 가며 우리의 어휘력, 정의력을 세워 가야 한다. 시간의 흐름에 따라 같은 어휘에 대한 해석과 이해가 달라지고 자연스럽게 정의도 변화되어 가야 한다. 그것이 변화와 성숙의 일면이다. 사람의 성장과 변화를 재는 척도인 어휘력과 그 핵심인 정의력에 대해 목사로서 고민해야 한다.

서정주 시인의 시 "국화 옆에서"의 첫 구절을 묵상해 본다. 한 송이 국화꽃을 피우기 위해 봄부터 그토록 울어 댔다던 소쩍새, 먹구름 속에서 울었던 천둥을 통해 전하고자 했던 마음은 무엇일까? 추구하는 바를 이루어 가는 과정과 여정이 결코 쉬운 길이 아니었음을 말한 것인 듯하다. 고민하고 갈등하는 것으로 끝나지 않고 참아 내고 인내하며 노력하는 시간이 포함되어 있는 여정에 대한 이야기다.

목사의 정의 내리기가 그러하다. 이미 아는 것이라 말할 수도 있다. 잠시 시간만 내면 좀 더 보완해 정의 내릴 수 있는 것일 수도 있다. 그렇지 않다. 목사가 정의 내려야 하는 것은 주님이 맡기신 것들에 대한 것이다. 진리의 복음에 관한 것이다. 하나님이 창조하신 인간과 세계에 대한 것이며, 무너진 것을 세워 가야 하는 것을 포괄한다. 알지만 충분히 안다 할 수 없는 것이다. 할 수 있는 것이지만 지금 자신의 힘만으로는 할 수 없다고 고백되어야 하는 것이다.

울어야 한다. 정의 내림의 과정은 고통이 동반되어야 한다. 고민과 갈등의 여정이어야 한다. 주님이 맡기신 것은 축복과 행복의 여정이지만 그 과정은 울며 기다림이요, 끝없이 질을 높여 가는 여정이다.

충분히 정의 내리지 못함을 알기에 잠 못 드는 밤을 경험하고 기도할 수밖에 없는 존재임을 확인하는 자리여야 한다. 목사의 정의 내림의 여정은 맡겨진 사명을 감당해 가는 여정임을 고백해야 한다.

21

질문을 던지다
: 성경과 삶을 연결하는 성경 교재 글쓰기

목사는 설교자로 살아간다. 다른 많은 사역이 진행되지만 그 중심에는 항상 설교가 있다. 설교를 위해 성경을 읽고 학습과 연구에 힘쓴다. 말씀을 묵상하며 기도 생활을 유지하는 것도 설교자로서 마땅히 할 일이다. 설교는 전도의 순간이요 하나님의 뜻 가운데 우리를 세워 가는 순간이다. 그 준비 과정은 두렵고 떨리는 마음으로, 선포하는 순간은 담대함으로 나아가는 순간이다. 설교는 설교자와 성도 모두에게 은혜를 고백하는 순간이다.

독서와 글쓰기도 목사가 설교자로 자신을 준비해 가는 과정 중 하나다. 문자 언어로 주어진 하나님의 말씀을 읽고 학습하고 연구하며 진리 체계를 확인한다. 하나님의 말씀을 목사 개인의 언어로 정리해 가는 일은 설교자로서 감당해야 하는 필수 과정이다. 변증을 위해 과정을 이해하고 근거를 정리해 가는 것도 필요하다.

아이러니한 것은 오랜 시간 설교를 준비하고 선포해 왔음에도 많은 사역자에게 글을 다루는 역량이 향상되지 않는다는 것이다. 나 혼자만의 판단과 생각이 아니다. 수많은 목사를 통해 글쓰기에 대한 두려움을 전해 들었다. 설교는 오랜 시간 해 왔지만 글쓰기는 자신 없어 한다.

왜일까? 설교 준비 과정으로서 글쓰기가 제대로 진행되지 않은 것일까? 아니면 준비 과정인 글쓰기가 없었던 것일까? 대부분의 목회자가 두 가지 모두에 해당된다. 글은 썼을 수 있겠지만 트리비움의 역량을 세워 가는 체계적인 글쓰기가 부족했다. 설교를 준비할 때 글쓰기가 없을 수는 없지만 자신의 생각, 논리의 질을 높여 가는 연구 글쓰기가 아닌 자료들을 발췌하는 형태의 글쓰기가 진행되곤 한다. 이런 형태의 글쓰기로는 수천수만 시간의 노력을 기울여도 절대로 임계점을 넘는 사고력의 향상을 경험할 수 없다.

설교를 위한 넓은 길의 유혹

설교를 위해 쉽고 넓은 길을 선택하는 이들이 적지 않은 듯하다. 다른 목회자들의 설교를 참조해 설교를 준비한다. 점점 의존도는 높아져 타인의 설교를 그대로 베껴 전하는 이들에 대한 문제 제기가 이곳

저곳에서 들려온다. 심지어 수천수만 편의 설교를 제공해 주는 설교 은행이 존재한다고 한다. 수십만 원에서 수백만 원까지 주고 평생 회원으로 가입했다는 이야기를 어렵지 않게 들을 수 있다. 적은 노력으로 최선의 설교를 하고 싶은 마음 때문일까? 과정이 어찌 되었든 진리가 선포되기를 바라는 마음이 앞선 것일까? 아니면 설교로 인정받고 싶은 목사의 욕심 때문일까?

다른 사람의 설교를 참조하는 것은 학습 과정에서 충분히 있을 수 있는, 필요한 노력이다. 학습이란 배움의 과정이기 때문이다. 다만 그것은 참조여야 한다. 그런 넓은 길을 통해 수월한 설교 준비는 가능하겠지만 목사의 역량 강화는 진행되지 않는다. 자기 노력의 일부로서, 잠시 자료를 참고야 할 수 있지만 그 이상이 되어서는 안 된다. 그렇게 준비한 설교가 선포되는 시간이 쌓여 갈수록 사명자의 양심은 점점 무뎌진다.

준비되고 성숙해 가야 하는 설교자의 역량은 시간이 흐른다고 자라지 않는다. 설교는 하나님의 언어를 인간의 언어로 풀어내는 과정이다. 고민하고 갈등하며 진리의 알고리즘을 풀어 가르치기 위한 설교자의 수고가 있어야 한다. 신앙생활의 다른 모든 수고는 공동체 구성원이 대신할 수 있지만 이 일만큼은 목사에게 많은 책임이 부여되었다. 다른 이가 대신할 수 없는, 목사가 감당해야 할 사명이다.

이런 수고 없는 글쓰기는 목사의 글쓰기는 분명히 아니다. 두렵고 떨리는 마음으로 감당해 가는 사명자의 자리가 아니기 때문이다. 인간의 욕망이 사명을 앞서갈 수 있음을 알아야 한다. 그 욕망은 믿음 안에서도 자라나는 생물이다. 믿음의 저 한 귀퉁이에 자리를 틀고 앉아 있다가 순식간에 한 인간의 삶을 점령해 버리곤 한다. 요령과 수법이 난무하는 자리다. 진리의 이름으로 나아가는 자리지만 거짓이 열매 맺히는 자리가 될 수 있기에 목사는 두려워해야 한다.

설교자인 목사는 준비 과정 중 유혹의 넓은 길을 이겨 내야 한다. 그 누구도 대신해 줄 수 없는 연구의 자리, 기도 자리에서 묵상과 글쓰기로 진리를 품어 내는 일에 성공해야 한다. 그것이 사명자의 본분이다.

퍼실리테이터가 되라

'퍼실리테이션'(facilitation)이라는 말이 있다. 심리적 촉진, 분위기 조성의 행위를 말한다. 공동체와 구성원의 초기값을 확인하고 목표하는 바를 이루도록 돕는 행위와 과정이 퍼실리테이션이다. 그런 의미에서 목사는 퍼실리테이터(facilitator)여야 한다. 답을 제시해 주는 자가 아니라 나아갈 방향을 가르쳐 주는 자다. 일을 대신해 주는 자가 아니라 동기를 부여하고 환경 설정을 돕는 협력자다. 성경 교사요 지도자인 목사의 자리가 요구하는 역할이다. 촉진자의 역할을 감당하기도 하며, 동기를 잃지 않고 지속해 갈 수 있는 마음을 세워 주는 자의 사명을 감당해 내야 한다.

이를 위해 목사에게 필요한 능력이 한 가지 있다. 질문 능력이다. 목사는 질문자로서 역량을 갖추는 일에 힘써야 한다. 질문은 생각하도록 이끄는 훌륭한 도구다. 일을 대신해 주는 것은 아니지만, 목표한 바를 향해 나아가도록 구성원들을 이끄는 기술 가운데 하나다. 목사의 설교도 마찬가지다. 진리를 선포하되, 정보로서 답을 제시하는 차원을 넘어서야 한다. 끊임없이 진리를 바라볼 수 있도록 질문을 던져야 한다. 하나님을 알아 가고, 세상을 알아 가며, 자기 자신을 알아 가도록 돕는 질문이 설교를 통해 던져져야 한다. 분야를 막론하고 성공의 조력자들은 답을 제시해 주는 자들이 아니다. 구성원들 스스로 답을 향해 나아갈 수 있도록 적절한 질문을 던져 줄 수 있는 자들이다.

질문이란 무엇인가?

질문은 보이지 않는 세계를 보려는 시도요 해답을 찾아가는 기술이다. 사랑의 끈이요 답을 향해 나아가는 길잡이다. 사진술은 사물을 바라보는 시선, 각도, 빛을 컨트롤하는 기술이다. 사진술의 핵심 기술도 질문력이다. 다양한 질문을 던지는 사진사, 질을 높여 가는 질문력이 있는 사진사만이 빛을 다스려 가며 그러한 시선이 담긴 작품을 만들어 낼 수 있다.

시간을 읽어 내는 역사학은 어떠한가? 마찬가지다. 질문을 통해 남겨진 정보에 말을 걸고 정보를 연결시켜 가는 가운데 진실에 조금씩 다가설 수 있다. 그 중심에도 질문력이 있다. 공간을 읽어 내는 건축학, 사람을 읽어 내는 것을 목표로 하는 인문학도 바른 질문력, 준비된 질문력 없이는 바로 볼 수 없고 진실에 접근해 갈 수 없다.

질문 능력이 절대적으로 요구되는 또 다른 분야는 신학과 설교의 영역이다. 신학은 하나님을 알아 가는 인간의 노력이다. 하나님이 선물해 주신 성경을 통해 하나님을 알아 가고 인간과 세상을 알아 가는 학문이다. 믿음이란 주어진 것을 그대로 받아들이기만 하면 되는 것일까? 맞다. 다만 그 과정에 질문이 빠질 수 없다. 질문은 믿음 없음이 아니라, 믿음을 확고히 해 가는 과정의 설계다. 질문 없이 수용한 것은 작은 바람에도 쓰러지고 허물어진다.

그러한 과정을 거친 내용들이 설교가 된다. 설교는 진리와 삶, 원리와 일상, 가치와 욕망을 컨트롤하는 은혜의 자리다. 설교를 통해 말씀으로 나아오는 성도만이 아니라 준비하고 선포하는 설교자에게도 마찬가지다. 진리의 깨달음과 그것을 삶의 실천으로 살아가게 하시는 성령의 인도하심 사이에 끝없는 질문이 던져진다. 진리가 아닌 욕망에 무릎을 꿇기도 한다. 다만 그 방향을 향해 질문을 던지며 나아가는 이들을 향한 성령의 인도하심을 기대해도 좋다. 이렇게 본다면 기도란 하나님 앞에 드리는 질문의 시간이다. 내 기준을 내려놓고 하나님의 기준을 확인해 가는 여정이다.

질문은 성경의 차경 기술

목사로서 사명을 완수하기 위해 성경 교재를 만드는 글쓰기에 관심을 가져야 한다. 모든 목사는 자신이 가르치고자 하는 내용을 위한 교재를 제작해 나가야 한다. 교재란 답을 정보로 제공하는 도구가 아니다. 성도 스스로 진리를 찾고 체계를 세워 가며 세상의 어떠한 거짓 복음, 유혹 앞에서도 진리를 변증할 수 있는 믿음의 사고 역량을 창조하는 도구다.

질문을 던지는 성경 교재 글쓰기는 의문을 탐하는 타우마젠 글쓰기의 연속선상에 있는 글쓰기다. 타우마젠 글쓰기는 일상의 의문을 질문으로 전환하는 과정의 글쓰기요, 깨달음을 얻기 위한 일상의 습관을 디자인해 가는 과정의 노력이라고 앞서 이야기했다. 성경 교재 글쓰기에서 던지는 질문은 타우마젠 글쓰기를 통해 다루어지고 점검된 생각들을 재료로 삼는 글쓰기다. 목사의 충분한 사고 훈련을 통해 준비된 것으로 성도를 가르쳐 지키게 하기 위한 교재를 만들어 가는 글쓰기다.

목사 개인에게는 자신만의 정답, 기준이 마련되어 있지만 그것을 성도 스스로 찾아가도록 알고리즘을 설계하는 과정이 성경 교재를 만드는 글쓰기 과정이다. 의문을 탐하는 타우마젠 글쓰기가 훈련 과정의 사적 글쓰기라면, 질문을 던지는 성경 교재 글쓰기는 사역 현장을 위한 공적 글쓰기에 속한다.

건설 기법 중 '차경(借景)술'이 있다. 건축물을 지을 때 자연에 거스르지 않고 주위의 풍경 그대로를 건축물의 경관으로 삼는 기법을 말한다. 자연 친화적인 기법이라고나 할까. 목사의 설교가 그러해야 한다. 설교는 성도들의 삶과 시대를 반영한 것이어야 한다. 진리를 삶에 구현하며 살기 위해 하나님의 뜻을 찾고 적용해 나가는 노력의 일환이기 때문이다.

이때도 잊지 말아야 하는 것이 있다. 삶의 적용이 중요하다 하더라도 우선되어야 하는 것은 하나님의 우리를 향한 뜻이다. 하나님이 성경을 기록하게 하셔서 우리에게 주신 말씀이 우선되어야 한다. 설교나 성경 교재는 성경의 이야기, 하나님의 메시지를 있는 그대로 보여주기 위한 과정의 도구여야 한다.

성경 교재를 제작하기 위해서는 다음 내용을 염두에 두어야 한다.

첫째, 성경을 읽고 분석하는 충분한 과정이 필요하다.

둘째, 성경의 원뜻을 파악하고 교재를 통해 전하고자 하는 내용의 핵심 키워드, 주제를 명확히 서술해야 한다.

셋째, 다양한 형태, 다양한 단계의 질문을 던져야 한다. 질문을 통해 성경의 주제, 설교자가 전하고자 하는 메시지의 핵심 키워드, 주제를 볼 수 있도록 디자인해야 한다. 성도들의 의문과 반론을 이끌어 내는 질문도 필요하다.

나는 교재를 만들 때 9단계에 걸쳐 40여 가지 유형별 질문을 던지도록 노력한다. 이럴 때 교재는 정보 전달 수단만이 아니다. 질문를 통해 일련의 사고 과정을 훈련하도록 돕는 수단이 된다. 정보를 보게 하고, 사고하고 분석하게 하며, 의문을 불러일으키고 질문으로 나아가도록 돕는 것이다. 아래는 질문의 단계를 간략하게 제시한 것이다.

성경 교재 질문의 단계

질문의 단계	질문 유형
1단계 **바탕-준비 학습**	제목 읽기 / 표지 읽기 / 정보 읽기 / 대강 읽기 / 예측 읽기
2단계 **내용-지식 학습**	개요 읽기 / 연상 읽기 / 훑어 읽기 / 본문 읽기 / 어휘 읽기
3단계 **기억-점검 학습**	회상 읽기 / 기억 읽기 / 내용 읽기 / 점검 읽기 / 반복 읽기
4단계 **개념-이해 학습**	생각 읽기 / 이해 읽기 / 추론 읽기 / 근거 읽기 / 개념 읽기
5단계 **살핌-분석 학습**	비교 읽기 / 분석 읽기 / 인물 읽기 / 관계 읽기 / 배경 읽기
6단계 **주제-심화 학습**	해석 읽기 / 핵심 읽기 / 주제 읽기 / 의미 읽기 / 가치 읽기
7단계 **종합-평가 학습**	복습 읽기 / 요약 읽기 / 전체 읽기 / 평가 읽기 / 종합 읽기
8단계 **관계-적용 학습**	토론 읽기 / 관계 읽기 / 강조 읽기 / 가정 읽기 / 적용 읽기
9단계 **결단-앵커 학습**	내면 읽기 / 결단 읽기 / 앵커 읽기 / 기도 읽기 / 창조 읽기

넷째, 교재를 만드는 과정은 글을 통해 논리를 세워 가는 과정임을 기억한다. 수필, 설교와는 다르지만, 글쓰기에 대한 이해 없이 좋은 성경 교재를 만드는 일은 불가능에 가깝다. 질문을 나열한다고 가치 있는 교재라 할 수 없기 때문이다. 그렇다고 성경 교재 쓰기를 낯설고 어렵게 느낄 필요는 없다. 설교를 준비하는 과정을 질문으로 풀어 해설한 결과물이라 생각하면 된다.

다시 강조하지만, 질문은 답 자체를 제시해 주는 기술이 아니다. 의미를 들추어내고 본질에 가까워지도록 돕는 퍼실리테이션의 도구가 되어야 한다. 모호함에서 확실함으로 나아가도록 이어 주고 도와주는 사고의 다리가 질문이다. 모호함과 확실함의 간극은 작으면서도 크다. 확실함이라는 목표 지점에 이르기까지 모호함에서 출발해 여러 질문의 다리를 거치는 가운데 다양한 심리, 사고 과정을 겪게 된다. 의문과 의심, 고민과 갈등, 질문과 깨달음, 추론과 이해, 회상과 가치판단, 가정과 결단 등이 질문을 따라 생각하는 가운데 학습자에게 찾아든다.

그 과정이 중요하다. 답을 제시받아 지식으로 아는 것은 그것이 진리일지라도 힘이 없다. 질문을 통해 고민하고 갈등하며 의문을 품고 다양한 질문을 던지면서 찾은 진리는 자신을 살리고 다른 이들의 삶을 세우는 능력이 된다. 모호함에서 확실함으로 나아가는 질문의 다리를 만드는 글쓰기가 목사로서 지니는 기본기가 되도록 훈련해야 한다. 다음은 나의 성경 개론 교재 『성경교향곡』에서 질문의 일부를 발췌한 것이다. 목회 현장에서 제작하고 활용하는 교재와 비교하며 살펴보아도 좋다.

창세기의 맥: 질문 사고(QuestionThinking) 워크숍 예시

2단계 내용-지식 학습

- 태초에 하나님이 천지를 창조하신 후 첫 사람 아담과 하와를 창조하십니다. 그리고 그들에게 명령(창 1:28)을 주십니다. 그 명령의 이름은 무엇입니까? 그 명령의 내용은 무엇입니까?
- 죄의 결과로 인간은 땀을 흘리며 노동을 해야만 생명을 유지할 수 있게 됩니다. 본문에서는 이러한 인간 활동으로서의 '노력'을 어떻게 정의하고 있습니까?

※ 내용-지식 학습 질문은 〈창세기의 맥〉 개요 글의 내용을 전제한 질문이다.

4단계 개념-이해 학습

- 내가 만약 요셉이었다면 자신을 노예로 내다 판 형들, 오랜 시간 말로는 표현할 수 없는 고난과 고통의 삶을 안겨 준 형들을 어떻게 대하겠습니까? 그 이유는 무엇인가요?
- 요셉의 이야기를 보면 하나님은 계획을 세우시고 사람은 알지 못하더라도 그 계획대로 진행해 나가셨습니다. 만약 하나님이 나를 위해 놀라운 계획을 세우신다면 그것이 어떤 계획이었으면 좋겠습니까? 나의 재능이나 주변 상황을 보면서 짐작되는 것들에 대해 이야기를 나눠 보세요.

5단계 살핌-분석 학습

- 요셉은 최악의 상황에 처합니다. 인간으로 대접받을 수 없는 노예 신분으로 전락합니다. 그랬던 요셉이 13년이 지나 애굽의 총리가 됩니다. 성공했다는 말로도 설명할 수 없는 놀라운 신분 상승입니다. 물론 하나님의 축복

과 인도하심이 있기에 가능한 일이었습니다. 요셉은 '우연한 만남과 인맥을 통해 성공한 것'이 아니라, 하나님의 축복과 인도하심 가운데 애굽에서 '꼭 필요한 사람'이 되었습니다. 애굽에 꼭 필요한 사람 요셉! 그에게는 있지만 다른 사람들에게는 없거나 부족했던 '능력'은 무엇이었을까요? 한 나라의 총리와 같은 지도자에게 요구되는 능력은 과연 무엇이었을까요? 그중 세 가지 정도만 제시해 보세요. 왜 그 능력이 필요하다고 생각하는지 그 이유도 간단히 기록해 주세요.

8단계 관계-적용 학습

- 하나님의 축복과 인도하심은 항상 나의 기대처럼 오지만은 않습니다. 때로 고난과 고통의 모습으로 다가오기도 하지요. 그래서 처음에는 불평할 수밖에 없게 되기도 하지만, 시간이 지나면 불평했던 그 일이 하나님의 계획이었음을 알게 되기도 합니다. 그때 우리는 감사의 고백을 드립니다. "하나님, 감사합니다!"
- 지난 생활 가운데 처음에는 반갑잖고 불만스러운 이유였는데 시간이 지나 나에게 유익이 되고 감사의 기도 제목이 되었던 것이 있나요? 요셉이 노예로 팔려 간 일은 분명 고난이었습니다. 그러나 하나님의 계획 가운데서는 총리가 되는 첫걸음이었지요. 나에게도 이런 경험이 있나요? 처음에는 좋지 않던 상황이 나중에는 축복이 된 예 말입니다. 만일 없다면 역사 속 인물이나 주변 인물 가운데 이 같은 사례를 찾아보고 기록해 보세요.
- 혹시 지금 나에게 고난이나 고통, 반갑지 않은 일이 일어났나요? 그것은 무엇인가요? 그것이 감사의 기도 제목이 되도록 오늘 내가 할 수 있는 일, 해야 하는 일을 고민해 보고 간단히 기록해 보세요. 그리고 부모님 또는 교회학교 선생님, 친구와 이야기를 나누어 보세요.

22

깊이를 더하다
: 글이 된 신앙 고백, 기도 글쓰기

아돌프 아이히만(Adolf Eichmann)은 제2차 세계대전 당시 독일 국가안보경찰본부 공무원이었다. 그가 맡은 업무는 유대인들을 수용소로 이주시키는 일이었다. 유대인 공동체 지도자들의 도움을 받으며 행정업무를 진행했다. 전쟁이 끝난 후 이름을 바꾸고 아르헨티나에서 살던 그는 홀로코스트(유대인 대학살)에 협조했다는 죄목으로 예루살렘으로 압송, 재판을 받게 되었다. 1961년 8개월에 걸쳐 진행된 재판 기간 내내 아이히만은 자신의 무죄를 주장했다. 자신은 유대인을 죽인 적도, 죽이라고 명령한 적도 없다는 것이다. 자신의 모든 업무는 개인의 의지가 아닌 상부의 공적 명령에 따른 것이라 항변했다. 공무원으로 명령을 따라 역할에 충실했을 뿐이라는 것이다.

독일계 유대인 정치 철학자 한나 아렌트(Hannah Arendt)는 8개월간 진행된 이 재판을 모두 지켜보았다. 이후 재판에 대한 자신의 입장을 "예루살렘의 아이히만"이라는 제목의 글로 정리해 「뉴요커」지에 네 차례에 걸쳐 연재했다. 그는 아이히만의 재판을 통해 '악의 평범성'(Banality of evil)이라는 개념을 주창했다. 나치에 의해 자행된 유대인 학살, 홀로코스트는 반사회적 범죄자들이 주도한 것은 맞지만, 악한 의도나 분명한 동기 없는 지극히 평범한 사람들의 묵인 가운데 저질러진 악이기도 하다며 악의 평범성을 강조했다.

> "아이히만의 최후의 모습은 매우 두려운 교훈을 준다. 자신이 주도한 건 아무것도 없고 선이든 악이든 의도가 없었어도 악한 명령에 자신의 생각과 의견 없는 단순한 복종만으로 악은 진행될 수 있다는 악의 평범성, 이것은 인간 존재의 연약함이다."

아렌트는 한 걸음 더 나아가 홀로코스트를 가능하게 했던 생각의 무능, 말의 무능, 행동의 무능은 독일 나치당원들에게서만 일어난 것이 아니라는 점도 지적했다. 그들에게 부역했거나 생각 없이 독일을 도왔던 유대인 지도자들의 잘못도 악의 평범성과 연관 지어 설명했다.

홀로코스트에만 적용되는 것만이 아니라는 점도 이야기했다. 이 사회에서 저질러지는 많은 죄도 마찬가지라는 것이다. 수많은 사회악은 우리가 생각하는 엄청난 악한 의도나 동기를 가진 자들에 의해서만 일어나는 것이 아니라 자신의 일상에 성실한 평범한 사람들을 통해서도 일어나곤 한다는 것이다. 그리고 그것이 가능한 이유를 '생각 없음', '생각의 무능'이라 말했다. 악이란 죄가 저질러지는 상황 속에서 다른 사람의 처지를 생각할 줄 모르는 생각의 무능으로부터 시작된다고 보았다. 누구나 알 만한 악과 죄임에도 그것에 대해 깊이 사고하지 않는 것이 그 시작이요, 이러한 사고의 무능함은 자신의 의견을 제시하지 않는 말하기의 무능과 행동의 무능으로 이어진다고 강조했다.

별다른 생각 없이 기도하기

신앙생활도 예외는 아니다. 세상 속 그리스도인으로 살아갈 때 우리의 죄악은 거룩하지 않음으로 설명할 수도 있지만, 생각의 무능을 통해서 우리 삶에 자리 잡기 때문이다. 신앙인에게 가장 중요한 것이 무엇이냐 묻는다면 답하는 이들이 처한 상황이나 전제에 따라 여러 답변으로 갈리겠지만, '기도'가 중요하다는 점에 대해서는 누구도 부정하지 못할 것이다. 그렇다면 기도할 때 염두에 두어야 할 가장 중요한 것은 무엇일까? '생각'이요 '마음'이다. 우리의 생각이 아닌 하나님의 생각, 하나님의 마음이다. 우리가 구할 최고의 기도 제목은 그분의 뜻이다. 하나님의 뜻이 하늘에서 이루어진 것같이 땅에서도 이루어지기를 구하는 것을 진정한 기도라 할 수 있다.

즉흥적으로 떠오르는 생각을 기도의 제목 삼아 기도하는 것은 우리가 일상에서 보편적인 형태로 실행한다. 이런 기도도 우리의 기도이며, 일상에서 기도가 지속하는 것만으로도 아름다운 신앙생활을 이어갈 수 있다. 그리스도인의 기도는 여기서 한 걸음 더 나아가야 한다. 하나님의 뜻을 살피고, 하나님이 우리에게 가르쳐 지키라 하신 것들을 살피는 과정, 사고의 과정이 그리스도인의 기도 생활 가운데 더해질 필요가 있다.

기도는 준비해야 하는 신앙의 자리다. 준비하는 기도의 개념은 하나의 기도 형태가 아닌, 모든 그리스도인이 누리는 기도가 되어야 한다. 기도는 누구나 할 수 있는 가장 쉬운 일이기도 하지만, 두렵고 떨리는 마음으로 하나님의 뜻을 구해야 하는 거룩의 자리이기도 하다.

이러한 마음으로 나는 가정과 교회에서 다양한 기도문을 만들어 활용 중이다. 다음 기도는 공예배 시간에 매주 함께 낭독하며 곡을 붙여 찬양하는 "성경 사랑 기도" 시다.

"하나님은 우리를 사랑하십니다(요일 4:16). 주 안에서 하나 된 우리는 하나님께 속하였으니 서로 사랑함이 마땅합니다. 사랑 안에 거하는 우리는 하나님께로 나서 하나님을 아는 그의 백성입니다(요일 4:7-8). 하나님을 아는 자들은 성경을 사랑하며 그분의 말씀에 귀를 기울입니다(시 49:1). 하나님은 성경을 통해 말씀하십니다(롬 4:3).

나에게는 성경이 있습니다(슥 8:18). 성경은 하나님의 감동으로 된 것으로 진리를 가르치고 잘못을 책망하며 허물을 고쳐 주고 올바르게 사는 훈련에 유익합니다(딤후 3:16). 성경은 나의 마음의 변화를 이루어 하나님의 선하시고 기뻐하시고 온전하신 뜻이 무엇인지 분별하도록 합니다(롬 12:2). 성경은 내가 어디서 와서, 무엇을 하다가, 어디로 가는지 알려 줍니다(롬 11:36). 성경은 나를 성숙한 자로 세우며(행 20:32) 믿음 안에서 구원에 이르는 지혜로 나를 인도합니다(딤후 3:15). 성경 말씀을 읽는 나는 복이 있습니다. 듣는 나에게 복이 있습니다. 기록된 말씀을 지키는 나는 복 있는 자입니다(계 1:3).

하나님! 오늘도 말씀 앞으로 나아가오니(스 10:1) 깨닫는 마음과 보는 눈과 듣는 귀를 허락하여 주십시오.(신 29:4; 사 6:9-10; 렘 5:21). 하나님은 말씀하시며 나는 배우고 확신한 일에 거할 것이오니(딤후 3:14) 주의 말씀은 내 발에 등이요 내 길에 빛이니이다(시 119:105). 주께서 나의 행보를 성경 말씀 위에 굳게 세우시고 그 어떤 죄악도 나를 주장치 못하게 하시리니(시 119:133) 내게 능력 주시는 자 안에서 나는 모든 것을 할 수 있습니다(빌 4:13). 세상 끝 날까지 나와 항상 함께하시는(마 28:20) 예수님의 이름으로 기도합니다(골 3:17). 아멘(고후 1:20; 시 106:48)."

누군가는 같은 기도를 반복하는 것을 중언부언하는 기도라며 비판한다. 실상은 반대다. 중언부언 기도의 강조점은 같은 말을 반복하는 형식에 있지 않다. 기도의 내용과 태도의 진실성이 핵심이다. 하나님의 뜻을 구하기보다 자신의 뜻만을 구하는 기도의 반복이야말로 중언부언이요, 의미 없는 내용이나 알지도 못하는 내용의 기도를 반복하는 것이 중언부언이다. 우리가 구할 것은 하나님의 명령을 지켜 행할 수 있는 순종과 용기요, 우리의 약함을 도우시는 성령의 인도하심에 대한 고백이다.

주여 나를 평화의 도구로 써 주소서.
미움이 있는 곳에 사랑을, 상처가 있는 곳에 용서를,
분열이 있는 곳에 일치를, 의혹이 있는 곳에 믿음을 심게 하소서.
오류가 있는 곳에 진리를, 절망이 있는 곳에 희망을,
어둠이 있는 곳에 광명을, 슬픔이 있는 곳에 기쁨을 심게 하소서.
위로받기보다는 위로하고, 이해받기보다는 이해하며,
사랑받기보다는 사랑하며,
주님을 온전히 믿음으로 영생을 얻기 때문이니
주여 나를 평화의 도구로 써 주소서.
– 성 프란체스코(St. Francis), "평화의 기도"

"평화의 기도" 같은 고백이야말로 영과 진리로 매일 드려야 할 기도요, 우리 삶에서 추구해야 하는 하나님의 뜻이다. 이 고백을 반복한다고 중언부언 기도라 할 수 없다. 기도에는 생각이 담겨야 한다. 하나님의 뜻이 담겨야 한다. 별다른 생각 없이 멋진 미사여구로 채운 기도가 아니라, 고민과 갈등의 여정을 담은 기도여야 한다. 수없는 생각을 거친 기도, 용기와 결단이 요구되는 기도여야 한다.

우리 대부분의 실수는 '별다른 생각 없이' 하는 말과 행동, 기도로 인해 발생하곤 한다. 생각하고 생각해도 원하는 대로 되지 않는 세상에서 별다른 생각 없이 이룰 수 있는 일이 무엇이겠는가. 기도도 예외가 아니다. 하나님의 뜻은 이미 정답으로서 우리에게 주어졌다. 그것이 우리의 기도가 되게 하려면 생각해야 한다. 우리 삶의 기준과 우선순위에 대해 생각해 보아야 한다. 별다른 생각 없이 말하고 행동했던 나의 기준, 전제를 확인해 보아야 한다.

'왜 그렇게 생각했고, 왜 그렇게 말했고, 왜 그렇게 행동했는가?'라는 의문을 품지 않고 질문을 던지지 않았을 뿐이지 우리 삶에는 별다른 생각 없이 진행되어 온 사언행(思言行)이 가득하다. 기도는 반추다. 하나님의 말씀에 대한 반추다. 내 삶에 대한 반추다. 하나님을 반복해서 생각하고 우리 삶을 의미 가운데 고백하는 것, 그것이 기도다.

기도에 별다른 생각 담기

기도문을 만들어 사용하기 시작한 것은 신학생 시절, 주일학교 교육전도사로 활동하면서부터다. 여러 종류의 대표기도문을 만들어 교사와 아이들과 공유하기 시작했다. 기상 기도문, 취침 기도문, 식사 기도문, 공부 기도문, 국가를 위한 기도문, 신앙생활 기도문 등 여러 주제마다 기도문을 만들어 활용할 것을 제안했다. 매번 그 기도문만 보고 읽으며 기도하라는 것은 아니었다. 일주일에 한 번은 대표기도문을 활용해 모든 주일학교 가족이 한마음으로 기도하는 시간을 갖자는 의도였다.

우리에게는 주기도문과 사도신경이 있지 않은가. 공통의 기도문이다. 이에 더해 공동체가 한마음을 품고 고백할 수 있는 기도문이 필요하다. 이런 종류의 여러 기도문이 회자되고 있다. 작성된 기도문이 사람들에게 전해지고 그 고백에 공감하고 읽고 묵상함으로 기도에 동참하는 이들이 적지 않다. 디트리히 본회퍼(Dietrich Bonhoeffer)의 여러 기도문도 그중 한 예다.

"하나님, 이른 아침 주님께 부르짖사오니 나로 기도하게 하시며 오직 주님만 생각하게 하소서. 저의 힘만으로 그렇게 할 수 없사옵니다. 내 안에 어둠 있으나 주님 함께 계시면 빛이 있으며, 저는 홀로 있으나 주님께서는 저를 홀로 버려두지 않으시며, 제 마음 연약하나 주님 함께 계시면 도움이 있고, 제게는 쉼이 없으나 주님 함께 계시면 평안 있사오며, 제 안에 고통 있으나 주님 함께 계시면 평안 있사오며, 제 안에 아픔 있으나 주님 함께 계시면 인내할 수 있고, 저는 주님의 길 알 수 없으나 주님께서는 저의 길 아시오니 저를 살리시어 자유하게 하소서. 저로 지금 살아 있게 하셔서 주님과 제 앞에서 대답하게 하소서. 주여, 오늘 어떤 일 몰아쳐 와도 주님 이름 찬양받기를 원하나이다."

성경에는 하나님이 우리에게 선물로 주신 많은 기도문이 있다. 그 기도문이 쓰이지 않았다면 어떻게 우리에게 그 기도와 간구가 읽히고 묵상의 마중물이 될 수 있었겠는가. 사도 바울은 에베소 성도들을 위해 기도하는 자신의 마음을 다음과 같이 고백했다.

"내가 기도할 때에 기억하며 너희로 말미암아 감사하기를 그치지 아니하고 우리 주 예수 그리스도의 하나님, 영광의 아버지께서 지혜와 계시의 영을 너희에게 주사 하나님을 알게 하시고 너희 마음의 눈을 밝히사 그의 부르심의 소망이 무엇이며 성도 안에서 그 기업의 영광의 풍성함이 무엇이며 그의 힘의 위력으로 역사하심을 따라 믿는 우리에게 베푸신 능력의 지극히 크심이 어떠한 것을 너희로 알게 하시기를 구하노라"(엡 1:16-19).

이 자체가 기도가 아니고 무엇인가. 성경의 많은 내용은 쓰인 기도문이고 하나님은 그 기도를 통해 우리를 향한 하나님의 뜻을 나타내 보이셨다. 기독교 가정마다 자신들의 기도문을 한 가지씩 가져 보는 것은 어떤가? 교회마다 공동체 기도문을 통해 교회 가족들이 하나 되는 요소로 사용하는 것은 어떨까?

공동 기도문만 글로 쓰자는 것이 아니다. 예배 기도 담당자에게 일주일 동안 말씀을 묵상한 후 기도 담당자로서 자신을 위해 기도하며 기도문을 작성하게 하는 것은 어떤가? 이것만이 참된 기도라는 말이 아니다. 기도문을 작성해 본 모든 이가 고백하는 것이지만, 기도문을 생각하는 과정은 단순히 미사여구로 기도문을 채우는 글쓰기 과정이 아니다. 하나님을 생각하고 나와 공동체를 돌아보며, 즉흥적으로 기도할 때는 생각하지 못했던 성찰을 가져다주는 묵상 시간을 선물해 준다.

목회자는 예배 시간에 진행하는 모든 기도 순서를 기도문으로 작성해 보는 것은 어떨까? 여는 기도, 설교 기도, 헌금 기도, 축도 등 모든 기도 말이다. 물론 목사는 기도문 없이 언제든지 얼마든지 기도할 수 있다. 진심으로 기도할 수 있다. 다만 기도문을 쓰며 준비하면 좀 더 깊은 묵상의 세계로 나갈 수 있다. 이는 목사에게, 모든 그리스도인에게 축복의 시간이 아닐 수 없다.

23

교회를 세우다
: 이웃을 사랑하며 하나님 나라를 이루는 목회 서신 글쓰기

피보다 진한 관계

1999년부터 2006년까지 괴산과 제천, 대전과 금산에서 기독교 공동체 생활을 했다. 기독교 교육에 뜻을 둔 이들과 함께 모여 삶과 사역을 영위해 나갔다. 초반 4년은 유무상통하는 공동체 생활을 했다. 사유 재산이 아닌 공동의 재산으로 유지, 관리해 나갔다. 남녀가 사랑하고 결혼해도 가정을 세워 가는 데 얼마나 많은 일이 있는가. 기쁜 일이 있는가 하면 슬픈 일이 있고, 화목한 때가 있는가 하면 다툼이 일어날 때도 있다. 그러니 열 가정이 넘게 모이고 수십 명의 학생이 학교에 거주하며 함께한 공동체 생활에는 이루 말할 수 없는 사건과 사고가 끊이지 않았다.

  이런 현실에도 공동체가 유지되는 까닭은 '피보다 진한 관계'가 세워져 가기 때문이다. 피로 맺어진 부모와 자식, 형제 간 관계의 중요성은 더 말할 필요가 없다. 다만 성인이 되고 각자의 삶을 사는 기간이 길어지면서 관계에 미묘한 변화가 생겨난다. 균열에 관한 이야기보다는 새로운 관계가 세워져 가는 이야기다. '뜻으로 하나 된' 이들과의 관계에서는 피로 맺어진 관계와 또 다른 기쁨과 풍요를 누리게 된다. 성인이 된 이후의 행복은 피로 맺어진 관계가 아닌 뜻으로 맺어진 관계의 질에 의해 결정되곤 한다. 부부의 하나 됨도 마찬가지다. 피로 맺어진 관계가 아니다. 사랑으로, 뜻과 약속으로 하나 된 관계다. 사랑과 뜻으로 하나 된 이들의 관계 속에서 피로 하나 된 이들이 태어나고, 공동체는 더욱 끈끈해지고 건강하게 세워져 간다.

  뜻으로 하나 되어 가는 관계 안에서도 하나 됨은 어려운 삶의 과제다. 어려움이 이루 말할 수 없다. 그러나 비전과 가치, 같은 신앙을 추구하는 여정 속에서 발생하는 문제들은 결과의 실패가 아니다. 공동체를 세워 가는 시행착오요 에피소드가 되어 간다. 이것은 공동체를 추구하는 이들이 누리는 축복이며 은혜다.

공동체의 네 가지 구성 요소

  뜻으로 하나 된 건강한 공동체를 세워 가려면 네 가지 구성 요소가

충족되어야 한다. 첫째, 공동의 비전이다. 공동체가 나아갈 방향, 공동체가 추구하는 목적이 공유되어야 한다. 지도자 한두 명의 비전이 아닌, 구성원 모두가 품고 추구하는 비전이 될 때 공동체에 미래가 있다. 둘째, 공동의 기억이다. 공동체를 세워 가는 과정에서 발생한 시행착오, 작고 큰 성공에 대한 기억은 모두 공동체의 역사다. 셋째, 공동의 의식이다. 비전이 중요하다고 형식이 무시되어서는 안 된다. 형식은 비전과 가치를 담아내는 그릇이다. 건강한 형식, 공동체 의식을 세워 가야 한다. 넷째, 공동의 권위다. 권위는 세우는 것이기보다 세워지는 것이다. 권위는 당사자가 원한다고 가질 수 있는 것이 아니다. 공동체 구성원들에게 인정받을 때 세워진다. 공동체 가운데 모두에게 인정받는 공동의 권위가 있을 때 공동체의 하나 됨은 더욱 든든히 세워진다.

건강한 교회는 이 네 가지 요소의 균형을 유지하기 위해 힘쓴다. 설교를 통해 복음을 전하고, 복음 안에서 영위하는 일상생활을 통해 교회의 비전을 공유하고, 공동의 기억을 창조해 간다. 팬데믹 상황에서 교회는 대면 예배를 드릴 수 없는 위기를 경험해야 했다. 하지만 동시에 위기 중에 진행된 온라인 모임을 통해 이전에는 알 수 없던 교회 사역의 새로운 필드와 기회 창출 가능성을 엿볼 수 있었다. 오프라인 예배를 드리지 못하는 아쉬움은 무엇으로도 대신할 수 없었으나 어려움 속에서도 말씀을 통해 교회를 하나로 세우기 위한 노력은 다양하게 진행되었다.

그중 가장 많이 활용된 것이 목회 서신을 통한 소통이다. 서로 대면할 수 없어도 공동체의 하나 됨을 위해 소통은 포기할 수 없는 일이기도 했다. 다양한 형태의 목회 서신이 활용되기 시작했다. 유튜브가 대표적이다. 메타버스 시대를 맞이해 영상과 친밀하지 않던 목회자와 성도들도 영상을 통해 소통의 길을 다져 가는 시간을 가질 수 있었다. 페이스북과 카카오톡 등 SNS를 통한 목회 서신도 비대면 목회의 소중한 도구가 되었다.

이러한 움직임은 완전히 새로운 것은 아니다. 이전부터 활용되어 온 소통의 도구였다. 분명한 사실은 팬데믹 이전과 이후의 경향에 큰 차이가 있다는 것이다. 코로나19 이전, 매체를 통한 목회 서신 나눔은 특정 소수, 젊은 목회자들과 성도들에게 집중되어 있었다. 팬데믹 기간이 길어지면서 이런 움직임은 소수가 아닌 다수, 한국 교회 전체로 확산되기 시작했다. 한두 교회, 특정 소수가 아닌 전국의 모든 교회에서 다양한 형태의 목회 서신, 비대면 소통이 목회 도구로서 진행되고 있다.

세상을 변화시킨 바울의 복음 편지

목회 서신은 기독교 역사 속에서도 주님의 몸 된 교회를 세운 훌륭한 도구 중 하나였다. 신약의 많은 내용이 편지를 통해 선포된 하나님의 말씀임을 우리는 잘 알고 있다. 흩어진 교회를 복음 안에서 든든히 세워 가는 일에 편지를 통한 글쓰기, 목회 서신은 큰 역할을 감당했다.

"그리스도 예수의 종 바울과 디모데는 그리스도 예수 안에서 빌립보에 사는 모든 성도와 또한 감독들과 집사들에게 편지하노니 하나님 우리 아버지와 주 예수 그리스도로부터 은혜와 평강이 너희에게 있을지어다 내가 너희를 생각할 때마다 나의 하나님께 감사하며 간구할 때마다 너희 무리를 위하여 기쁨으로 항상 간구함은 너희가 첫날부터 이제까지 복음을 위한 일에 참여하고 있기 때문이라 너희 안에서 착한 일을 시작하신 이가 그리스도 예수의 날까지 이루실 줄을 우리는 확신하노라"(빌 1:1-6).

바울은 고난 중에 믿음을 지켜 가는 이들을 편지로 칭찬하고 격려했다. 복음을 기억하게 하고 하나님이 친히 행하실 일을 기대하도록 믿음 안에서 담대하게 선포했다.

"바울과 실루아노와 디모데는 하나님 우리 아버지와 주 예수 그리스도 안에 있는 데살로니가인의 교회에 편지하노니 하나님 아버지와 주 예수 그리스도로부터 은혜와 평강이 너희에게 있을지어다 형제들아 우리가 너희를 위하여 항상 하나님께 감사할지니 이것이 당연함은 너희의 믿음이 더욱 자라고 너희가 다 각기 서로 사랑함이 풍성함이니 그러므로 너희가 견디고 있는 모든 박해와 환난 중에서 너희 인내와 믿음으로 말미암아 하나님의 여러 교회에서 우리가 친히 자랑하노라"(살후 1:1-4).

"하나님의 뜻으로 말미암아 그리스도 예수 안에 있는 생명의 약속대로 그리스도 예수의 사도 된 바울은 사랑하는 아들 디모데에게 편지하노니 하나님 아버지와 그리스도 예수 우리 주께로부터 은혜와 긍휼과 평강이 네게 있을지어다 내가 밤낮 간구하는 가운데 쉬지 않고 너를 생각하여 청결한 양심으로 조상적부터 섬겨 오는 하나님께 감사하고 네 눈물을 생각하여 너 보기를 원함은 내 기쁨이 가득하게 하려 함이니 이는 네 속에 거짓이 없는 믿음이 있음을 생각함이라 이 믿음은 먼저 네 외조모 로이스와 네 어머니 유니게 속에 있더니 네 속에도 있는 줄을 확신하노라"(딤후 1:1-5).

'밭의 작물은 주인의 발소리를 듣고 자란다'는 말이 있다. 관심과 돌봄을 통해 자라고 열매 맺는다는 뜻이다. 작물뿐이겠는가. 신앙의 변화는 공동체의 변화에 기인한다. 신앙은 계산 가능한 물리적 시간의 총합이라기보다는 보이지 않는 공간을 살아가는 그리스도인들의 의문과 질문, 생각의 나눔과 결단의 총합이라 할 수 있다.

목회 서신은 설교와 대면 교제를 통해서도 나눌 수 없는 것들을 소통할 수 있는 소중한 창구가 되어 준다. 사역에 대해 고민할 때 기독교를 오늘에 이르게 한 바울의 편지를 좀 더 깊이 묵상해 볼 필요가 있다. 단지 '좋은 행위'로 치부해서는 안 된다. 오늘 목회 현장을 세워가기 위한 고민 중에 결여되어 온 목사의 글쓰기, 목회 서신에 대한 고찰이 필요하다. 글로 쓰인 바울의 편지가 없었다면 기독교는 오늘 어떤 모습이었을까 상상해 보지만 다른 그림이 그려지지 않는다. 복음이 복음 되게 하는 데 바울의 준비된 지성과 글쓰기를 사용하신 하나님을 기억해야 한다. 바울의 글쓰기를 오늘 우리의 목회 현장 속에서 하나님이 일하시는 통로가 되도록 더욱 노력할 때다.

대상을 분명히 한 후 글을 쓰라

미국의 소설가 제임스 페터슨(James Patterson)은 "글을 쓰기 전에는 항상 내 앞에 마주 앉은 누군가에게 이야기해 주는 것이라고 상상하라. 그리고 그 사람이 지루해 자리를 뜨지 않도록 하라"고 말했다. 간단하면서도 중요한 글쓰기의 방법이다. 대부분의 사람이 이 원칙을 지키지 않는다. 글은 쓰는데 대상이 모호하다. 대상이 명확하지 않은 글을 남발한다. 모두를 대상으로 한 글, 대상이 확실하지 않은 글은 아무에게도 공감을 얻지 못한다.

러시아 태생의 유대인 작가 나탈리 사로트(Nathalie Sarraute)는 "모든 독자가 읽을 글을 쓰기란 불가능하다"고 말했다. 미국 수필가 E. B. 화이트(E. B. White)도 "인류에 대해 쓰지 말고 한 인간에 대해 쓰라"고 충고했다.

모든 편지가 모든 구성원을 대상으로 한다면 그것은 누구도 자신의 것으로 받아들이지 못하는 추상적인 이야기에 그칠 수 있다. 물론 설교와 목회 서신이 특정 대상만을 타깃으로 해서는 안 된다. 모두를 위한 것이어야 한다. 여기서 강조점은 특정된 한 사람이 아니라 대표성을 띤 어떤 유형의 사람들, 공통으로 나타나는 문제들에 대한 것이다. 교회 안에서 발생하는 여러 문제와 다뤄야 할 주제는 한 사람만의 문제가 아니다. 다만 글을 쓸 때나 설교를 할 때 대상과 주제가 명확하지 않으면 뜬구름 잡는 식으로 이야기가 전개되어 메시지 전달에 실패할 가능성이 커진다. 물론 추상적이어야만 할 때가 있다. 기억해야 할 것은 목회 서신은 연중행사가 아니라, 정기적으로 공동체 구성원과 소통하는 창구가 되어야 한다는 사실이다.

목회 서신의 대상과 주제를 계획하자. 일정에 따라 조금 더 구체적인 문제들을 다루는 목회 서신을 써 보자. 타깃을 감정적으로 저격하는 글이 아니라면 대상과 주제가 분명한 글에 사람들은 반응하기 시작한다.

목회 서신뿐 아니라 책을 쓸 때도 마찬가지다. 내가 책을 집필하는 과정도 크게 다르지 않다. 40대를 대상으로 글을 쓴다고 하자. 40대 전체가 대상이라면 대상이 없는 것과 같다. 대상의 폭을 좁혀야 한다. 나는 내가 운영하는 교육 과정을 수강한 49세 남성을 머릿속에 떠올리고 글을 써 내려간 적이 있다. 그럴 필요야 없지만 그에게 허락까지 받았다. 여러 가지 직업을 거쳐 당시 고등학교에서 영어를 가르치고 있는 교사였다. 나와 만난 그즈음 다시 한번 직업 선택이라는 큰 결단을 눈앞에 둔 상태였다.

방황하는 40대! 고민하는 40대! 일과 관계 속에서 인생의 성공을 위해 새로운 시작을 꿈꾸는 40대 중후반의 사람들을 대상으로 글을 썼다. 그들 모두를 대표하는 인물로서 그의 얼굴과 상황을 떠올리며 이야기를 풀어 나갔다. 대상이 분명하면 메시지도 명확해진다. 명확한 메시지는 뜬구름 잡는 이야기를 넘어 현실에서의 적용으로 이어진다.

글의 대상을 분명히 하라. 그(들)의 얼굴, 그(들)의 상황을 떠올리며 이야기하듯 글을 풀어 가라. 글을 통해 전하고자 하는 마음, 그 호흡까지 그들에게 전달될 것이다.

24

양질이 통하다
: 양의 글쓰기로 질의 글쓰기를 이루는 저널 글쓰기

1만 스파링의 법칙

나는 20대 시절 웨이트 트레이닝을 즐겼다. 20대 초반 1년간 체육관에서 먹고 자며 일과 운동을 병행하는 피트니스 클럽 총무로 일하기도 했다. 대학 기숙사생들에게 운동법을 가르치기도 했고, 지역의 작은 대회에 참여하기도 했다. 이 운동을 즐기는 사람들의 가장 큰 관심은 몸매를 가꾸는 것이다. 여성들이 식욕을 억제하면서 노력하는 모습을 보면 그 간절함을 알 수 있다. 남자들도 근육질 몸매에 대한 로망이 있다. 안타까운 것은 대부분의 사람이 자신이 원하는 바를 경험하지 못한다는 사실이다. 목표를 이루기 위해 요구되는 꾸준함과 지속성은 마음먹기만 하면 되는 쉬운 일이 아니다. 오랜 시간 지속하는 운동은 그들이 원하는 몸매, 근육에 필수불가결한 요소다. 인내의 과정 없이 원하는 바를 이루는 것은 불가능하다.

40대 초중반 주짓수를 시작했다. 주짓수는 일본 유도가 브라질로 넘어가 새로운 형태의 무술로 자리 잡은 운동 종목이다. 다른 무술이 어린이, 학생 위주로 보편화된 반면 주짓수는 성인들의 생활 체육으로 빠르게 확산됐다. 주짓수의 승급 체계는 다른 무술들보다 까다롭다. 흰 띠, 파란 띠, 보라 띠, 갈색 띠, 검정 띠 등 총 다섯 등급으로 나뉜다. 띠별로도 5단계가 나뉘어 있으니 초보자가 검은 띠를 매기까지 20단계를 거쳐야 한다. 사람마다 차이가 있겠지만 상급 띠로 승급하는 데 걸리는 기간을 보통 1년 6개월에서 3년 정도로 잡는다. 검은 띠에 이르기까지 짧게는 5-6년, 길게는 10년 이상의 훈련 과정이 필요하다.

주짓수에서는 실전 스파링을 중요하게 여긴다. 검정 띠를 따기까지 어느 정도 스파링을 소화해야 할지 계산해 본 적이 있다. 열심 있는 일반 관원을 기준으로 운동량을 따져 보면 1일 2-3시간, 주간 4일 운동, 하루에 5회 스파링이 진행된다. 상위 띠로 승급하는 기간을 2년 6개월 정도로 보았을 때 검정 띠를 매기까지 10년 동안 1만 번의 스파링을 경험해야 한다. 주짓수에 스파링만 있는 것도 아니다. 준비 운동과 기술 훈련은 스파링에 투자하는 시간을 넘어서는 훈련 시간을 요구한다. 같은 조건이라면 5만 분의 준비 운동, 10만 분의 기술 훈련,

5만 분의 스파링 코스를 통과하면 검정 띠의 소유자가 될 수 있다. 시간으로 따진다면 3,500시간이 소요된다.

평균을 이야기하는 것이 무의미할 수 있지만 여기서 강조하는 것은 꾸준함과 반복이다. 운동만이겠는가. 음악도, 미술도, 그 밖의 모든 분야도 어느 정도 실력을 인정받기까지는 임계점을 넘어서는 노력을 해야 한다. 자신이 원하는 성과를 거두려면 그것을 이룰 수 있는 행동을 반복해야 한다. 반복과 지속적인 노력은 우리가 원하는 것을 현실에서 경험하도록 도와준다. 매우 단순하면서도 간단한 진리다. 글쓰기도 예외는 아니다.

걸작 1쪽을 위한 쓰레기 92쪽

중국의 병법서 가운데 『삼십육계』(三十六計)가 있다. 중국의 여러 병법서와 고대의 탁월한 군사 병법을 모아 청나라 중기 이후 집대성한 책이다. 우리가 일상에서 많이 사용하는 말인 '줄행랑'은 36번째 계책 '주위상계'(走爲上計)의 중심 책략이다. 흔히 말하는 '미인계'(美人計)도 31번째 계책으로, 『삼십육계』에서 비롯된 병법이다. 이 책에 수록된 병법이 추구하는 것은 싸움에서 이기는 것이다. 싸움에서 병법은 승리를 위한 기술과 방법, 지혜를 총동원한다. 글쓰기에도 진보를 위한 방법과 기술이 존재한다. 전술과 전략으로 싸움에서 이기듯 방법과 기술을 살피고 적용해 가며 멋진 글을 쓰기 위해 노력하는 이들이 적지 않다.

문제는 방법과 기술의 적용 대상과 시기의 문제다. 방법과 기술의 적용은 모든 사람의 상황과 여건에 따라 달라져야 한다. 무엇보다 방법과 기술이란 '글을 쓰고 있는 사람들'에게 의미 있다. 오랜 시간 글을 쓰며 한계를 느껴 본 사람들에게 다른 방법과 기술은 큰 도움을 준다. 지금까지와는 다른 방법을 찾는 이들에게 왕도를 제시해 주기도 한다. 간단한 방법과 기술의 적용만으로도 글에 큰 변화를 경험하는 이들이 적지 않다.

그러나 글을 쓰지 않는 이들이라면 문제는 다르다. 그들에게 방법과 기술은 큰 도움이 되지 않는다. 도움은커녕 글을 쓰려는 의지를 잃어버리게 하는 계기가 될 수도 있다. 방법과 기술은 객관적인 사실이지만 글쓰기를 시작하는 이들에게 최선의 선택은 아닐 수 있다. 시작 단계에 있는 이들에게 필요한 것은 써야 할 이유를 분명히 하는 것과 쓰기로 결심하는 것이다. 그리고 실행하여 표현하는 것이다. 그때 필요한 것이 초고다. 고쳐 써야 할 원글이 필요하다. 병법도 마찬가지다. 용기와 실행력이 없으면 수많은 계책은 무의미할 뿐이다.

글을 쓰지 않고 있는 이들이라면 방법과 기술에 대해 고민하지 말라. 잘하려는 마음보다 글을 쓰는 행위를 유지하는 데 집중해야 한다. 초고를 쓰려면 용기가 필요하다. 잘 쓰기보다는 있는 그대로 나의 소리를 담아내려는 결심이 필요하다.

미국의 소설가 어니스트 헤밍웨이(Ernest Hemingway)는 "나는 걸작을

1쪽씩 쓸 때마다 쓰레기 92쪽을 양산한다. 이런 쓰레기는 휴지통에 넣으려고 애쓴다"고 말했다. 우리가 보는 것은 작가라 불리는 이들의 완성된 1쪽이다. 많은 이가 92쪽의 버려진 생각과 글은 보지도, 보려 하지도 않는다. 그것의 존재 자체를 알지 못하는 이들이 더욱 많다. 첫 문장부터 명작, 명문을 쓰려는 마음은 많은 이에게 성장을 가져다주는 꿈이기보다 실패로 이끄는 욕심으로 남게 된다. '버려질 92쪽의 글을 두려워하지 않는 글쓰기'야말로 글쓰기를 결심한 이들이 실행할 수 있는 최선의 방법이요 기술이다.

열정보다 지속이 힘이다

 질의 글쓰기 이전에 양의 글쓰기에 성공해야 한다. 글쓰기를 결심한 사람에게 필요한 것은 멋진 글 한 편보다 다듬어지지 않은 부족한 글 99편이다. 잘 쓴 글, 인정받는 질 높은 글은 훈련과 숙련됨이 필요하지만 부족하더라도 원석인 생각을 적는 글쓰기는 열정과 지속하는 힘만 있으면 된다. 100의 열심과 1,000의 열정을 한순간 불태우는 것보다 20의 열심과 200의 열정을 오랜 시간 지속하는 것이 인생 목표를 이루는 최선의 길이다.

 누군가는 열정을 불태우며 목표에 다가서고 그 일에 성공한다. 그러나 대다수는 그 성공을 경험하지 못한다. 열정을 가지고 노력하지만 포기하며 실패로 마무리한다. 불확실한 열정은 확실한 지속력이라는 전제 가운데서 의미가 있다. 인생의 성공과 행복은 불확실과 확실, 추상과 구체, 운과 노력 사이 어딘가에 존재한다는 것을 기억하자.

목사여 저널리스트가 되라!

저널(Journal)은 일지(日誌)처럼 매일 쓰는 글, 그날그날의 일을 적는 기록을 말한다. 그런 의미에서 일간지가 저널에 속하지만, 일상의 기록인 일기도 저널에 해당된다. 저널 쓰기의 핵심은 매일 글을 쓴다는 데 있다. 가끔 가다 쓰는 주제 글은 '에세이'라 부르지만, 에세이를 매일 쓴다면 그 글이 바로 저널이다.

목사는 저널리스트(journalist)가 되어야 한다. 아니, 저널리스트일 수밖에 없다. 국어사전에서는 저널리스트를 '신문이나 잡지 일에 종사하는 사람' 또는 '신문·잡지의 기자, 편집자 또는 기고자를 통틀어 이르는 말'이라 정의하고 있다. 언론계에 종사하는 이들을 일컫는 일반적인 직업 용어처럼 이해되고 있는 것이 현실이다. 이러한 정의는 협의의 정의에 해당된다. 저널, 저널리스트의 광의가 회복되어야 한다. 한 분야가 독점할 수 없는 가치 있는 어휘다.

목사는 매일 새벽에 설교한다. 수요 예배 설교, 금요 기도회 설교, 주일 예배 설교 등 적게는 5회에서 많게는 10회 이상 설교를 한다. 그 설교가 진정한 설교가 되려면 필요한 요소 중 하나가 저널 글쓰기다. 설교 준비만을 위한 것도 아니고, 설교와 연결되지 않을 수 없다. 설교 예화집을 뒤적이는 것보다 세상의 정보들에 관심을 갖고 그 정보를 수용해 가며 자신의 입장을 정리해 보라. 이는 문제가 있는 곳에서 비전을 이야기하는 '이슈 글쓰기'와 맞닿아 있다. 이슈 글쓰기가 무엇을 써야 하는가에 대한 지침이라면, 저널 글쓰기의 핵심은 반복과 지속이다. 매일 써야 한다.

세상의 모든 이슈를 복음과 진리와 연결 지어 가는 저널 쓰기야말로 목사에게 요구되는 글쓰기다. 저널 쓰기만 즉시 시작해도 설교자에게 필요한 태도가 준비되고, 사고 역량, 가치 세움이 가능하다는 것은 축복이 아닐 수 없다.

4단계 저널 노트 만들기

목사이자 작가인 내게 저널 쓰기, 다양한 주제의 글쓰기, 책 쓰기는 일상이다. 목사로서 그 중요성을 알고 있고, 이를 통해 얻는 유익이 크기에 자녀와 제자들에게도 단계를 높여 가며 적용하고 있다. 아이들만 해당되지 않는다. 함께하는 공동체 성인 가족들에게도 글쓰기를 일상화할 수 있도록 동기를 부여하고 다양한 노트도 제작해 글쓰기 과정을 지원하고 있다.

그중 한 가지가 4단계로 제작한 저널(에세이) 쓰기 노트다. 원고지 형태로 글자 수를 헤아릴 수 있도록 넘버링해 놓은 노트인데 1,200자, 2,400자, 3,600자, 4,800자 등 네 권의 저널 쓰기 노트를 자녀와 교육생들에게 제공하고 있다. 둘째 딸은 올해 13세인데 주일을 빼고 월요일부터 금요일까지 6일간 매일 아침 한 편의 저널을 쓴다. 주제 선정은 자녀 마음대로 정하도록 했는데, 다양한 주제에 관심을 갖고 글쓰기를 진행 중이다. '스마트폰, 동물, 비밀, 가족, 바이러스, 영어와 수학, 루벤(길고양이), 텔레비전, 영웅, 약속' 등 스스로 선정한 키워드지만 여러 분야를 넘나든다. 주 2회 1,200자, 주 2회 2,400자, 주 1회 3,600자, 주 1회 4,800자 저널 쓰기를 진행하고 모든 저널에는 핵심 키워드와 함께 주제 문장을 적도록 하는데, 주제가 다양하고 생각지도 못한 생각의 흐름을 엿볼 수 있다.

3,600자를 내 노래로 만든다면, 사람을 뒤집어 놓는 기대, 시간이 흐르면 어쩔 수 없이 세월도 흐른다, 놀기 위한 것, 시간과 흐름, 글을 쓰다 보면, 내가 셜록 홈즈가 된다면, 거짓말의 속삭임, 사람들에게 웃음은 어떤 의미일까?, 내가 처음 공부를 해야겠다고 다짐했던 순간!, 인간에게 실제로 작용되는 원리, 누군가의 희생이 누군가에게는 구원이다, 배려로 바뀌는 삶, 인간이 파괴한 자연의 모든 것, 한순간의 선택, 언니가 있어서 좋다!, 주위의 물건과 사물은 사람들에게 어떤 영향을 끼칠까?, 독도는 당연히 한국 땅이지만 만일 아니라면?, 숙제는 어려워!, 고양이와 개가 만나면 왜 싸울까?

주제 문장과 제목 잡기의 개념이 아직 정립되지 않았지만 글의 제목, 주제 문장만 보아도 그 글이 궁금해진다. 6학년 아이가 잡은 핵심 키워드, 주제 문장 뒤에 어떤 이야기들이 담겼을지 말이다. 실제로 아이가 쓴 글은 하나도 빼놓지 않고 읽어 본다. 어린 나이에 저렇게 다양하고 깊은 관점으로 생각하는 것이 가능할까 하는 생각을 자주 하게 된다. 내 자녀가 특별해서가 아니다. 글이 그러하다. 글쓰기로 표현하는 자유를 아이들에게 알려 준다면 말로써는 표현하기 힘든 아이들의 속내, 그 생각을 엿볼 수 있는 축복을 누릴 수 있을 것이다.

둘째 아이에게 자주 이야기를 통해 격려해 준다.

"사랑아! 지금 네가 쓰는 글은 너와 아빠, 엄마만 보는 노트에 기록되지만 네가 나이 들며 조금씩 영향력이 자랄 것이고 지금과는 다른 글쓰기가 진행될 거야. 너의 생각이 담긴 글은 너의 노트를 벗어나 신문과 잡지에, 강의 원고와 책에, 국내를 넘어 세계 모든 사람에게 전달되어 사람들의 삶에 복음과 행복을 선물해 주는 하나님의 도구가 될 거다. 네가 어떤 분야에 속한 직업을 갖더라도 어린 시절의 매일 저널 쓰기는 너에게 차원이 다른 생각의 깊이와 넓이를 더해 주는 축복 같은 선물이 될 거다."

어린아이에게 너무 거창한 의미를 가르치는 것일까? 그렇지 않다. 어린 나이지만 자신도 조금씩 느끼는 과정의 진보 때문인지 이 말에 공감한다. 힘든 글쓰기와 누림의 글쓰기를 오가는 글쓰기가 오랜 기간 지속된다는 것을 알지만, 성장과 변화되어 가는 진보를 경험하는 이들에게 글쓰기는 언제나 선택되어 왔음을 알기에 동기를 부여하며 참고 기다린다.

자녀에게만 일어나는 일이 아니다. 나도 마찬가지다. 하루 10시간 이상 공부 자리를 지키는 것은 목사의 사명인 동시에 과정의 진보를 경험하기 때문이다. 결과물인 글이 다른 이들에게 공유되며 그들의 삶에도 변화의 마중물이 되는 경험을 하기에 목사인 나에게 더욱 의미 있는 사역의 자리로 세워져 가고 있다.

목사가 저널리스트가 될 때 설교가 달라진다. 목사가 매일 글을 쓰며 생각하는 그리스도인, 하나님의 사람이 될 때 하나님은 목사의 생각을 어루만지시고 문장을 어루만지셔서 복음을 담아내기에 부족함 없는 도구로 삼아 주실 것이다. 이것은 나의 바람이 아니라 역사 속에서 하나님이 보여 주셨고 우리에게 허락하신 약속이다. 그 성취를 이 땅의 모든 목사가 누리게 되기를 소망한다.

에필로그

목사의 전성기

독서와 글쓰기를 주제로 많은 사람을 만난다. 독서와 글쓰기에서 누군가는 만족스러운 결과를 얻지만, 대부분은 실패를 경험한다. 실패하는 이들에게 공통적으로 발견하게 되는 한계는 다른 데 있지 않다. 지속성이 문제였다. 독서와 글쓰기의 중요성을 모르는 이들은 없었다. 방법과 기술도 문제 되지 않았다. 필요한 정보는 거의 대부분 접근 가능해졌다. 동기도 충분했다.

독서와 글쓰기에 도전하는 이들은 오늘도 여전히 넘쳐 난다. 그럼에도 독서와 글쓰기에 실패하는 이들은 끊이지 않는다. 성공자들보다 목표한 바를 이루지 못한 이들을 더 많이 만나는 자리가 나의 사역 현장이다. 대부분 일관성을 유지하지 못했다. 여러 가지 이유로 지속하지 못하기에 독서와 글쓰기는 오늘의 누림이 아닌 평생의 비전으로 남곤 한다.

『목사의 글쓰기』를 집필하는 중에도 이에 대한 고민을 한시도 잊지 않았다. 목사들도 그 문제에서 자유롭지 못하기 때문이다. 그 점을 생각하며 내용을 구성했다. 더 강한 동기를 부여하기 위해 집필에 힘썼다. 글쓰기에 최대한 적용할 수 있도록 시간의 노하우를 이 책에 녹여 내려 최선의 노력을 기울였다. 학문적이기보다는 대중적인 글을 쓰기 위해 노력했다. 그러면서도 목사라면 누구나 해야 할 깊은 고민을 책에 담아내기 위해 기도하며 집필을 이어 갔다.

가장 큰 과제는 '목회자들이 일상 목회 현장에서 글쓰기의 지속성을 어떻게 이어 가도록 도울 것인가?'였다. 수많은 글쓰기 관련 책에 또 하나 추가되는 책에 머물지 않기를 바랐다. 그러나 사람마다 초기값이 다르고 결과 또한 같을 수 없는 법이다. 내 마음과 동기와 별개로 결과는 오로지 실행하는 이들의 몫으로 남겨 놓을 수밖에 없는 것이 현실이다.

그러나 이 한 가지만 잘 준비하고 실행한다면 목사의 글쓰기의 지속 가능성을 높일 수 있다고 생각한다. 다른 많은 것이 준비되지 못했더라도 마지막 조언에 귀 기울이고 실행에 옮긴다면 독서와 글쓰기의 실패는 반복되지 않을 수 있다. 이전과는 다른 과정의 진보를 경험하게 될 것이고, 그때부터는 또 다른 초기값에서 질을 높여 가는 목사의 글쓰기를 진행해 갈 수 있을 것이다. 자신이 준비된 것 이상의 글쓰기 성공을 경험할 수 있는 비기라고 할까.

그것은 바로 환경을 설정하는 일이다. 글쓰기를 지속하려면 글 쓰는 환경을 디자인해야 한다. 마음의 동기, 각오, 방법과 기술의 추구와 함께 동반되어야 할 노력이며 구체적인 결단을 요구하는 과제다.

글쓰기를 지속하기 위한 세 가지 환경 설정

100m 달리기 9초대 진입과 42.195km 마라톤의 2시간대 벽을 깨는 것은 세계 육상계의 가장 큰 숙원이었다. 100m 달리기의 숙원은 2009년 베를린 세계육상선수권대회에서 우사인 볼트(Usain Bolt)가 9초 58로 우승하며 이루어졌다. 그로부터 10년이 지난 2019년 10월 12일, 불가능한 것으로 여겼던 마라톤의 2시간대 벽도 허물어졌다. 케냐의 마라토너 엘리우드 킵초게(Eliud Kipchoge)가 1시간 59분 40초의 기록으로 마라톤 풀코스를 완주한 것이다.

다만 기록 달성이 이루어진 것은 일반 대회는 아니었다. 기록 달성을 위해 특별 기획된 경주에서 나온 기록이다. 선수는 킵초게 단 한 명이었다. 출발 시간도 경기 전날까지 정하지 않았다. 습도와 온도 등을 고려해 최적의 날씨를 보인 시간대를 정해 뛰었다. 그의 주변에서는 41명의 페이스메이커가 돌아가며 기록 갱신을 도왔다. 킵초게 앞에서 다섯 명씩 돌아가며 바람을 막아 주었다. 페이스를 유지하기 위해 페이스메이커들이 전후좌우 자리를 지키며 역할을 감당했다. 속도와 시간을 알려 주는 장비를 갖춘 차량도 킵초게의 페이스 조절을 도왔다.

킵초게의 경기가 주는 깨달음은 두 가지다. 첫째, 우리 스스로 한계를 규정해서는 안 된다는 것이다. 마라톤 풀코스를 2시간에 완주하는 것은 인간의 한계를 넘어선 것이라는 오랜 통념을 넘어선 이 일은 마라톤 기록 이상의 의미를 우리에게 전해 준다. 둘째, 변화를 이루어 내는 일은 혼자만의 노력과 힘으로 되는 것이 아니라는 점이다. 대기록을 세운 가장 우선적인 요인은 킵초게의 신체적 우월함, 남다른 폐활량 등 훈련된 능력임이 분명하다. 그러나 그를 위해 특별히 준비된 요소 중 어느 하나라도 없었다면 대기록 달성은 불가능했음을 우리는 잘 알고 있다.

글쓰기도 마찬가지다. 중요성을 알고 의지가 있다고 성공적인 글쓰기가 보장되는 것은 아니다. 방법과 기술을 통한 추구도 마찬가지다. 의지와 방법 없이 되는 것은 없지만, 의지와 방법이 준비되었다면 외부 환경을 설정하는 일에도 많은 관심과 노력을 기울여야 한다. 의지를 다짐하는 것이 내적 환경 설정이라면 글 쓰는 환경 설정은 외부 환경을 디자인하는 것이다. 외부 환경 설정은 나의 동기와 의지가 약해질 때 나를 도와 위기를 극복하게 만든다. 외부 환경 속에 있다는 이유만으로도 어느 정도의 지속 가능성을 높여 갈 수 있다는 것은 환경이 주는 힘이며 선물이다. 글쓰기뿐이겠는가. 모든 일이 그렇다.

자신의 연약함을 아는 것이 중요하다. 동기와 의지만 믿고 기대해서는 안 된다. 자신의 동기와 의지, 능력은 신뢰하되 환경과 여러 조건에 의해 그 태도와 결과가 언제든 달라질 수 있다는 사실을 기억해야 한다. 모든 일에 앞서 환경의 설정이 필요한 이유도 이를 위한 준비다. 환경을 디자인함으로 경험하게 되는 결과는 결코 작은 변화가 아니다.

글쓰기를 지속하기 위해 세 가지 환경 설정이 필요하다. 이 세 가지 환경은 삼위일체의 환경이다. 같은 목표와 특성을 가졌지만 강조점을 달리한 환경 설정 요소에 해당된다.

첫째, 인적 환경 설정이다. 내 곁에 언제나 책 읽는 사람과 글 쓰는 사람을 두는 것이다. 단순한 이치다. 가능성을 높여 가는 최선의 노력이요, 최대의 효과를 얻을 수 있는 선택이다. 자신과 시간과 공간을 공유하는 이들이 누구인가를 살펴야 한다. 목사의 공부보다 취미가 우선되어서는 안 된다. 개인적인 만남도, 취미도 중요하다. 일상이 즐거워야 행복한 사역도 가능하다. 중요한 것은 목사의 사적 일상과 공적 사역의 균형을 유지하는 것이다. 다시 강조하지만, 개인적인 의지도 중요하지만 나를 곁에서 돕고 지원하는 동료의 존재 유무는 나의 의지를 도와 일의 성공률을 높여 가는 중요 요소다.

글쓰기를 지속하려면 정기적인 만남을 살피고 관리해야 한다. 같은 목표를 가진 이들과 정기적으로 만나야 한다. 그 만남이 지속되어야 한다. 사명 감당을 위해 만남과 시간을 관리하는 것은 목사가 마땅히 해야 할 일이다.

둘째, 학습 환경 설정이다. 인적 환경 설정과 맥을 같이한다. 인적 환경 설정이 방향성이라면 학습 환경 설정은 구체적인 지침에 해당된다. 핵심은 학습 공동체다. 목사는 세 가지 학습 공동체를 가져야 한다. 목사로서 가르치는 학습 공동체다. 모든 목회자는 이 자리에 서게 된다. 두 번째 공동체는 동료들과의 나눔 공동체다. 가장 부담이 없으면서도 목회를 지속해 가는 힘의 원천이 될 수 있다. 세 번째 공동체는 배우는 공동체다. 목회자로서 연수가 더해 갈수록 사라져 가는 공동체인 경우가 많다.

나는 청년 시절부터 정기적으로 책을 읽고 과제를 수행하는 모임에 참여했다. 그것이 마중물이 되어 신학대학원 시절 유무상통하는 공동체에 들어가게 되었다. 잠깐의 나눔이 아닌 삶의 모든 순간이 학습 공동체적 성격을 가진 공동체의 일원이 되었다. 일반적이지 않은 선택이었기에 포기해야 할 것도 적지 않았지만, 일상에서 이룬 변화와 과정의 진보는 포기한 모든 것과 바꿀 수 없는 값진 것들이었다. 함께하는 공동체 가족들이 페이스메이커가 되어 주었다.

공동체 안에서 진행된 모임이 여럿 있었는데 과제 수행을 하지 않으면 찾아드는 미안함, 자존심을 지키기 위한 의지적인 노력이 더해져 과제 수행을 이어 간 기억이 난다. 본질적인 변화와 성숙에 대한 노력이 없었던 것은 아니지만 다른 사람에게 내가 좀 더 나은 사람이라는 것을 보여 주기 위해 멋진 글을 쓰려 노력한 순간도 있었다. 성장 과정에서 얼마든지 있을 수 있는 모습이다.

시간이 지나며 나도 성장해 나갔다. 독서 모임에 참여하며 도움을 받던 구성원에서 독서와 글쓰기를 지도하는 자리에 서게 되었다. 전문성과 그에 따른 실력은 향상되었지만 존재 자체가 바뀐 것은 아니다. 다행스러운 것은, 나의 의지가 언제든 무너질 수 있다는 사실을 알고 있었다는 것이다. 예전에는 글 쓰는 모임에 등록하는 것으로 인적, 생활 환경을 디자인했다면 이제는 나 자신이 그런 모임을 조직하고 운영해 나간다. 지도할 사람들을 옆에 두고 항상 함께한다. 독서 과정, 글쓰기 과정, 책 쓰기 과정 등을 개설하여 운영한다.

물론 나만을 위한 모임은 아니다. 수강생들도 많은 도움을 받았다. 그러나 모든 과정의 첫 번째 수혜자는 나 자신이었다. 그들을 지도하기 위해 책을 읽어야 했고, 과제물을 검토해야 했다. 강의안과 교재, 책을 만들기 위해 끊임없이 글을 써 내려갈 수 있었다. 강한 의지와 능력만으로 가능한 일은 아니었다. 주변에서 나를 지켜보는 사람들에 대한 부담감에 조금 더 힘을 낼 수 있었다.

아쉬움이 있다면, 배우는 위치에 서게 되는 학습 공동체에 참여하는 것이 점점 어려워진다는 것이다. 사역의 우선순위와 물리적인 시간의 한계 때문이기도 하지만 이 부분은 자기 관리를 통한 독서와 글쓰기, 유튜브를 통해 다양한 분야의 지도자의 메시지를 수용하며 보완해 가고 있다. 그 한계를 알기에, 배우는 자리에서 더욱 최선을 다하려고 최선의 노력을 기울이고 있다. 앞으로도 나의 인적 환경, 학습 환경을 설정하는 시도는 계속될 것이다. 그 중요성은 아무리 강조해도 부족한, 목사의 선택이어야 함을 알기 때문이다.

셋째, 생활 환경 설정이다. 인적 환경 및 생활 환경과 미묘하게 연결되어 있지만 글쓰기 성공을 위한 좀 더 현실적인 선택이라 할 수 있다. 일상의 환경, 개인 학습 환경을 디자인하는 일이다. 예를 들어, 나는 글을 쓸 때 지역 카페를 찾을 때가 많다. 조용한 집과 사무실, 도서관보다 사람들이 오가는 카페에서 글이 더 잘 써진다. 어디에서나 집중할 수 있다면 좋겠지만, 외적 환경은 무시할 수 없다는 사실을 자주 경험한다. 그렇다고 아무 카페나 찾지는 않는다. 한번 자리를 잡으면 오랜 시간 글을 써야 하기에 조그만 카페보다는 대형 카페를 찾는다. 좁은 장소를 차지해 민폐 손님이 되면 안 되니 말이다.

글 쓰는 시간도 낮 시간보다는 새벽 시간을 주로 활용하기에 24시간 운영하는 카페를 선호한다. 내가 사는 지역에 그런 장소는 단 한 곳이 있다. 4층 건물 전체가 카페다. 음료를 주문하고 항상 4층에 자리를 잡는다. 자리도 언제나 앉았던 자리에 앉으려고 노력한다. 새벽 시간에는 자리가 비어 있기에 오래 앉아 있어도 민폐가 되지 않는다. 한번 자리를 잡으면 7-8시간 동안 글을 써 내려간다. 시간이 지나면 자릿세로 음료를 추가 주문한 후 학습을 이어 간다.

이 책은 코로나19가 정점을 찍은 시기에 쓰였다. 외부 카페에서 글을 쓸 수가 없었다. 일상생활 환경이 글쓰기를 이어 가는 중요한 요소인 줄 알기에 새로운 방안을 찾았다. 그렇게 마련한 대안이 유튜브 실시간 중계였다. 하루에 3-6시간 내가 공부하는 모습을 유튜브로 생중계하기 시작했다. 배경 음악으로 잔잔한 자연의 소리를 틀어 놓고 카메라를 켰을 뿐인데 간간이 방송을 보기 위해 들어오는 이들이 있었다. 그들을 의식하며 공공장소에서 공부하는 마음 자세로 글을 써 갈 수 있었다. 하루도 빼놓지 않고 생중계를 이어 갔고, 그 45일간에 『목사의 글쓰기』 초고와 퇴고를 모두 마무리할 수 있었다. 물론 초고 이전, 사역의 현장에서 준비된 자료들과 이 책의 준비에 집중했던 4개월간의 학습 독서와 글쓰기 시간이 있었기에 가능한 결과다. 자신만의 학습 환경을 디자인해 보라. 글이 잘 써지는 나만의 장소를 찾는 작은 노력이 주는 결과는 기대 이상의 선물을 안겨 준다.

내 주변에는 여기서 한 걸음 더 나아가 삶의 공간을 바꾼 이들이 적지 않다. 좀 더 나은 배움의 길을 만들기 위해 집을 이사한 사람, 가족으로부터 분가해 독립 공간을 얻은 사람들이다. 어떤 사람은 배움에 정진하기 위해 많은 연봉을 포기하고 직장을 옮기기도 했다. 자녀에게 학습 공동체를 선물해 주기 위해 연구원장, 병원장을 내려놓고 홈스쿨을 선택한 이들도 있다.

이전보다 수입은 줄어들지만 그들에게 가정을 학습 공동체로 만드는 것은 공부를 위한 선택 이상의 것이었다. 책 읽기와 글쓰기는 그들에게 단순한 학습이 아닌 꿈과 비전을 향해 가는 통로였다. 신앙인으로 자신을 세우고 자녀를 세우기 위한 선택이었다. 그들의 선택은 가치의 동기를 바탕으로 한 내면적 선택인 동시에, 일상생활 환경을 물리적으로 디자인하는 외면적 선택이었다. 정신은 환경을 극복해 나가는 힘이지만, 물리적인 환경이 우리의 정신을 유지해 가도록 돕는 요소임을 잊지 않은 이들의 선택이다. 목사로서는 교회의 선택에 대해 고민하고 갈등하며 추구해 가야 한다. 환경이 전부는 아니지만 교회를 세워 가는 중요한 요소임을 잊지 말아야 한다.

목사의 전성기

'전성기'라는 말이 있다. 완전할 전(全), 성할 성(盛), 시기 기(期), '완전히 왕성하고 무르익은 시기'를 뜻한다. 한 사람의 인생에서 가장 행복한 시기, 누구나 누리기를 바라는 시기다. 전성기를 맞이한 연예인, 스포츠 스타들의 소식을 매체를 통해 전해 듣곤 한다. 인기를 얻은 만큼 찾는 이들이 많아지고 몸값도 끝없이 치솟는다.

전성기가 지난 연예인들의 소식도 들려온다. 잠깐 반짝하다 20대가 지나기도 전에 아무도 찾는 이 없는 존재로 살아가는 이들도 적지 않다. 변화된 상황에서 진로를 고민하며 다른 길을 걷는 이들도 있다. 많은 이가 잠시 맛본 인기의 기쁨을 잊지 못하고 재도약을 꿈꾼다. 그들 중 다시금 기회를 맞이하는 이들은 극소수에 머문다. 운동선수들도 전성기를 논한다. 20대를 전후로 전성기가 찾아와 20대 중반도 되기 전에 은퇴하는 이들도 적지 않다.

전성기는 분명 누구나 바라고 기다리는 축복의 시기다. 중요한 것은 '전성기를 어떻게 바라보고 있는가?'와 '전성기를 어떻게 준비하며 보내는가?'의 문제다. 전성기가 영원할 것이라 여긴 이들이 그 이후를 준비하지 못한 것을 후회하는 모습을 많이 보았다. 반면 전성기 이후가 원하지 않는 시기에 찾아올 것을 알고 이후를 준비하는 이들도 있다. 전성기를 누리는 것도 중요하지만 전성기의 기간을 늘리기 위한 노력, 그 이후를 생각하는 지혜가 필요하다.

목사의 전성기에 대해 생각해 보았다. 목사의 전성기는 언제인가? 목사의 전성기를 결정짓는 요소는 무엇인가? 무엇보다 목사의 전성기를 어떻게 정의해야 하는가? 목사의 전성기를 논할 때 유명(有名)이 그 잣대가 될 수는 없다. 교회의 규모, 성도 수가 가장 중요한 요소일 수도 없다. 세상의 기준이 아닌 신앙적 요소를 전제해야 한다.

목사의 전성기는 크게 세 가지 측면에서 바라보고 준비해야 한다. 첫째는 자신의 변화 가능성이고, 둘째는 성장 가능성, 셋째는 지속 가능성이다. 변화 가능성은 인격의 성숙에 대한 것이고, 성장 가능성은 실력의 향상에 관한 것이며, 지속 가능성은 비전을 디자인해 가고 성취하는 모든 여정에 대한 것이다. 한마디로, 하나님의 사람으로서 변화되고 성숙해지는 이야기다. 참된 신앙인으로서 자신을 알고 관리해 가며 몸 된 교회를 이루는 지체로 세워지는 것이야말로 목사의 전성기를 향한 여정이다.

그런 측면에서 나의 오늘은 전성기가 아니다. 목사로서 나의 전성기는 아직 오지 않았다. 글쓰기를 강조하는 책이라고 해서 그것을 최종 목표로 삼을 수도, 그래서도 안 된다. 목사로서 나의 비전은 나를 변화시키고, 이웃을 사랑하며, 하나님 나라를 이루어 가는 여정이 나의 인생이 되게 하는 것이다. 추상적이면서 요원한 목표인 듯하지만 가장 구체적인 삶의 방향성이다. 지금 이 순간까지 인도하신 하나님의 돌보심에 감사하고 오늘 주어진 삶과 사역의 일상도 감사드린다. 믿고 바라보는 또 한 가지는, 여전히 나를 통해 일하실 하나님의 계획은 진행 중이라는 것이다.

글쓰기는 목사로서 사명을 감당하기 위한 기본기요 의무다. 하나님 나라를 위해 쓰임 받는 목사의 전성기를 세워 가기 위한 작은 몸짓일지라도 이를 통해 하나님은 살며 사랑하며 배우며 나누는 목사의 인생을 세워 가신다는 사실을 잊지 않고, 오늘 목사의 작은 일에 최선을 다해 본다.

사명선언문

너희가 흠이 없고 순전하여……세상에서 그들 가운데 빛들로
나타내며 생명의 말씀을 밝혀 _ 빌 2:15-16

1. 생명을 담겠습니다
만드는 책에 주님 주신 생명을 담겠습니다.
그 책으로 복음을 선포하겠습니다.

2. 말씀을 밝히겠습니다
생명의 근본은 말씀입니다.
말씀을 밝혀 성도와 교회의 성장을 돕겠습니다.

3. 빛이 되겠습니다
시대와 영혼의 어두움을 밝혀 주님 앞으로 이끄는
빛이 되는 책을 만들겠습니다.

4. 순전히 행하겠습니다
책을 만들고 전하는 일과 경영하는 일에 부끄러움이 없는
정직함으로 행하겠습니다.

5. 끝까지 전파하겠습니다
모든 사람에게, 땅 끝까지, 주님 오시는 그날까지
복음을 전하는 사명을 다하겠습니다.

서점 안내

광화문점 서울시 종로구 새문안로 69 구세군회관 1층
02)737-2288 / 02)737-4623(F)

강남점 서울시 서초구 신반포로 177 반포쇼핑타운 3동 2층
02)595-1211 / 02)595-3549(F)

구로점 서울시 동작구 시흥대로 602, 3층 302호
02)858-8744 / 02)838-0653(F)

노원점 서울시 노원구 동일로 1366 삼봉빌딩 지하 1층
02)938-7979 / 02)3391-6169(F)

일산점 경기도 고양시 일산서구 중앙로 1391 레이크타운 지하 1층
031)916-8787 / 031)916-8788(F)

의정부점 경기도 의정부시 청사로47번길 12 성산타워 3층
031)845-0600 / 031)852-6930(F)

인터넷서점 www.lifebook.co.kr